让知识回家

RANG ZHISHI HUIJIA

观澜 著

知识产权出版社
全国百佳图书出版单位
—北京—

图书在版编目（CIP）数据

让知识回家 / 观澜著 . —北京：知识产权出版社，2023.4
ISBN 978-7-5130-8713-1

Ⅰ . ①让…　Ⅱ . ①观…　Ⅲ . ①学习方法　Ⅳ . ① G791

中国国家版本馆 CIP 数据核字（2023）第 054096 号

内容提要

本书系统阐述了如何“让知识回家”的理念、路径及成效，通过建立考察探究、职业体验、社区服务、设计制作、少团队活动、研学等实践模式，以案例形式为学校、教师提供可行、可借鉴的实践经验。

责任编辑：郑涵语　　**责任印制：**孙婷婷

让知识回家

RANG ZHISHI HUIJIA

观澜　著

出版发行：	知识产权出版社有限责任公司	**网　　址：**	http：//www.ipph.cn
电　　话：	010-82004826		http：//www.laichushu.com
社　　址：	北京市海淀区气象路 50 号院	**邮　　编：**	100081
责编电话：	010-82000860 转 8569	**责编邮箱：**	laichushu@cnipr.com
发行电话：	010-82000860 转 8101	**发行传真：**	010-82000893
印　　刷：	北京中献拓方科技发展有限公司	**经　　销：**	新华书店、各大网上书店及相关专业书店
开　　本：	720mm × 1000mm　1/16	**印　　张：**	9.25
版　　次：	2023 年 4 月第 1 版	**印　　次：**	2023 年 4 月第 1 次印刷
字　　数：	117 千字	**定　　价：**	49.00 元

ISBN 978-7-5130-8713-1

序言

从知识学习走向实践活动："让知识回家"

大约两年前，我在郑州参加教研活动时和金水区教育发展研究中心的关春霞老师有过一次交谈。关老师给我的印象是谦虚好学，我们讨论了综合实践活动课程实施过程中的现实困境，以及知识、实践活动与育人方式变革的相关话题。前几天我在出差路上，接到关老师的电话，告知其新书即将出版，让我写几句话。我很高兴，于是就应允下来。

育人方式变革是当前基础教育改革的一个焦点和重点问题。育人方式变革集中体现在从知识本位走向素养本位、从以教为主转向以学为主、从学科"割裂"走向学科"统整"、从"坐而论道"转向"实践活动"等方面的变化上。就教学的目的和方向而言，我国中小学教学改革经历了从"双基"到"三维目标"再到"核心素养"三个阶段，完成了从知识到学科再到人的转向。当前我国的基础教育进入了以人为本和核心素养的新时代。

传统学科教学以"双基"为导向，基础知识、基本技能被当成教学的根本目的和追求，"双基"教学并不否认能力培养的重要性，但是能力培养被认定为"双基"教学的"附属品"。于是乎，知识的全面性、系统性、完整性就成为教学过程的核心追求。中国基础教育因此出现和产生了在世界上有影响的"双基教学论"。"三维目标"相比"双基"，其进步是显而易见的，但这只是学科层面的进步，学科的内涵和价值被更深刻、更全面地揭示出来。

"核心素养"才真正回到人身上来定位教学目的，把知识及三维目标都转化为人身上的东西即"素养"，知识就找到了自己的归宿。从教育的角度看，这是从“为了知识的教育”走向“通过知识的教育”。所有的课堂教学都必须基于知识、通过知识，但不能止于知识、为了知识。知识是原材料，素养是产品；知识是食物，素养是营养素；知识是花粉，素养是蜂蜜。从学科的角度看，学科教育不能只是在学科知识上做文章，而是要立足于学科的独特育人价值，学科的独特育人价值来自学科的思维方法、思想观念和精神文化，只有这样才能让立德树人根本任务在课堂得到有效的落实。总之，素养是目的、方向，是贯穿教学全过程的一根红线。

与学科课程相比，综合实践活动是具有跨学科性质的实践性课程，是基于学生的直接经验、密切联系学生自身生活和社会生活、体现对知识的综合运用的课程形态。作为一种基本的课程形态，综合实践活动课程注重学生多样化的实践性学习方式，转变学生那种单一的以知识授受为基本方式、以知识结果的获得为直接目的的学习活动，强调多样化的实践性学习。综合实践活动是新时代实现课程育人、活动育人、实践育人、合作育人、评价育人的最直接、最有效的途径，也是建立学生与世界、自然、社会、他人、个体密切联系的平台，实现“人—知识—世界”的完整链接，最终实现知行合一的教育价值和追求。

强调学习、倡导学习方式变革一直伴随在新课程改革的推进过程之中。但是，就整体而言，教的本位意识和讲授中心的课堂还没有从根本上得到实质性的改变。正如田慧生先生所言：“深化课堂教学改革是十多年来新课改一直强调的，但现在改革进入全面深化阶段以后，课堂教学改革的重点和核心在哪里？答案是教与学关系的根本性调整。从总体上来说，目前课堂教学还没有普遍地实现根本性的转变，我们所期待的那种新型的课堂还没有普遍地建立起来，根本问题就在于——还没有有效地调整好教与学的关系，课堂还没有从根本上实现由以教为主向以学为主的转变。”综合实践活动课程不再局限于书本知识的传授，而是通过为学生营造实践情境，引导他们面对各种现实问题，主动探索、发现、体验，获得解决现实问题的真实经验，从中培养实践能力。可以说，综合实践活动是核心素养形成的路径，是从以教为主转向以学为主的育人方式最集中、最典型的表现。

不仅如此，各学科的新课标在“教学提示”和“教学建议”中也都提出了大量的实践性活动的要求，要求学生在身体参与和亲身经历中进行学习，把认知与行动、理论与实践、学科知识与日常生活有机融为一体。新课标不仅要从核心素养的视角为学科知识内容定标准，这个标准解决教什么、学什么的问题；也要从核心素养的视角为学科育人活动定标准，这个标准解决怎么教、怎么学的问题。如果用一个词来概括怎么教、怎么学，新课标的答案是“实践”！关春霞老师能够深刻认识到这一点，并提出通过“实践”、通过“综合实践活动课程”，“让知识回家”，在于解决问题，突破瓶颈，改变育人方式，落实核心素养，很难得，也很符合当代课程改革的方向！

总之，通过“实践”撬动传统的坐而论道的教学方式，建立实践型的新型育人方式，打破单一学科知识与技能的壁垒，进行跨学科学习，融合各学科知识、方法与思想，勇于实践，解决问题，创造美好生活，适应未来，实现“知识本身的价值”，回归知识的重要性、回归知识的应用性，实现知识在实践中的迭代发展与创造世界，这既是新课程方案的内在要求，也是落实立德树人根本任务的必然要求。

福建师范大学教育学院教授，博士生导师

国家教材委员会专家委员会委员

教育部基础教育课程标准修订综合组核心专家

2022 年 12 月 16 日

前　言

从教育的视角分析，依据课程改革方向和理念、高考改革、命题改革，靠死记硬背是不能将知识融会贯通的，当无法在面对真实情境中解决问题时，需要做到学以致用，举一反三，提高综合能力，形成必备品格，落实核心素养。“刻板地学习”“重知识轻能力”已经不能顺应时代发展和教育改革的理念。同时，“学知识”并不是为了迎接高考，而是通过幼儿园、小学、初中、高中、大学、职业学校、学历进修等学习平台，让个体在社会发展中通过必要的学校教育和课程学习，成为“有文化的人”，推进国民素质的整体发展。广博的知识或者专业知识是一个人整体素养中的一部分，而不是全部；个体学历高，知识多，并不意味着有素养；文化知识只有在灵活应用中，发挥其价值，才能形成一个人的素养和品质，从而不断创造新的社会价值体系，促进社会发展。

那么，如何让知识“灵活”起来，更加有价值？面对这样的思考，笔者提出“让知识回家”的教育理念。如何“让知识回家”？如何继承与发挥中国五千年文化的蕴涵，促进人类文明进步，形成中国劳动人民的智慧，推进社会不断地进步与发展？那就是通过“实践”，将知识与实践统一起来。从教育领域讲，即以综合实践活动课程为平台，通过“实践”，打破单一学科知识与技能的壁垒，进行跨学科学习，融合各学科知识、方法与思想，勇于实践，解决问题，创造美好生活，适应未来，实现“知识本身的价值”，回归知识的重要性、回归知识的应用性，实现知识在实践中的迭代发展与创造世界。

目录 CONTENTS

第一章　理　论

第二章　实　践

第三章　案　例

第一章
理　论

第一节 如何理解"知识的重要性"

一、知识论

引发"知识是否重要"这一观点的，大多来自教育界，成为争论或申辩的热点话题。面对教育部"双减""双新"的陆续出台及高考改革，进一步指向学习方式和教学方式的变革，突出"学科实践""综合性学习""跨学科学习""项目学习"，注重学生解决真实情境的问题，提高学生解决问题、融会贯通的跨学科学习能力，培养学生关键能力，形成良好品质。教学目标也从三维目标转向核心素养的培养。在这样的变革中，是不是综合能力和素养更重要，而知识就不重要了？

"现代知识论"告诉我们，所有知识都具有符号、逻辑和意义三重结构和属性。我们经常说的知识是有智慧含金量的，道理就在于此。学习知识不能仅理解和掌握其中的符号内容，还要挖掘和领悟其内在的思维方式。"所有的知识，不管是自然科学还是社会科学，都是包含有道德意义的知识，是人的世界观、人生观和价值观的构成性因素。"❶

知识的获得需要通过幼儿园、义务教育、高中教育、中专教育、大学教育、自学、成人教育等方式。作为学生最主要的任务是学习，而学习最重要的一点是要打牢文化基础。文化基础重在强调学生能习得人文、科学等各领域的知识和技能，掌握和运用人类优秀智慧成果，涵养内在精神，追求真善美的

---

❶ 余文森．以核心素养为导向：建立与义务教育新课标相适应的新型教学 [J]. 中国教育学刊，2022（5）：17-22.

统一，成为有宽厚文化基础、有更高精神追求的人。❶

由此看来，“知识”不单单是数字 1、2、3，也不单单是认识一些字；知识是一个庞大的体系，它有单独存在的意义，更有多个知识组建而成为的智慧；知识所包含的内涵，需要通过“实践”“理解”“融合”“重构”“应用”“实验”等获得与体验，去解决问题，去创造生活和未来；而不是死记硬背，获得考试的高分，死记硬背的学习方式，因不能理解其知识的逻辑和意义，是获得不了高分的。只有深刻理解知识的内涵和意义，将其与生活融会贯通，才能实现知识的价值。

英国哲学家斯宾塞提出“教育为未来生活做准备”的教育理念，未来不需要“高分低能”，不需要只会刷题、死记硬背的人，需要的是能够应用知识解决问题的人、创造美好生活和服务社会的人。

知识是人类赖以生存的基本元素，没有知识，就可能成为文盲；没有知识，就可能无法生存；知识的不断叠加，才能有所创造。知识是人类生存的基础，是实践经验的来源，是人类发展和社会进步必不可少的重要元素。知识只有在实践中才能更加有价值、有意义。实践及其发展需要的是知识产生的根源和发展的动力。由此，知识和能力的发展并不冲突。只有基于知识，通过实践，才能形成智慧的结晶，推动生活的发展。

二、实践论

马克思主义者认为，人类的生产活动是最基本的实践活动，是决定其他一切活动的东西。人的认识，主要依赖于物质的生产活动，逐渐了解自然

❶ 申继亮 . 养其根，俟其实——教育高质量发展与育人方式变革 [J]. 基础教育课程，2021（21）：4-9.

的现象、自然的性质、自然的规律性、人和自然的关系，经过生产活动，不同程度上逐渐认识了人和人之间的一定相互关系。这些知识，离开生产活动是不能得到的。实践是人类自觉自我的一切行为，离开实践一切都是“纸上谈兵”。从社会发展角度看，实践是检验真理的唯一标准，理论要与实践相结合，才能不断促进生活的进步。

从教育学的角度来看，我国教育家陶行知提出的“知行合一”教育思想，成为教育界追求的育人目标。苏联教育学家阿莫纳什维利说：儿童单靠动脑，只能理解和领会知识；如果加上动手，他们就会明白知识的实际意义；如果再加上心灵的力量，那么认识的所有大门都将在他们面前敞开，知识将成为他们改造事物和进行创造的工具。可见，知识是实践的基础，实践推动知识更加有价值。

英国教育社会学家迈克尔·扬提出，“要从强势者的知识转变为强有力的知识”❶；伯恩斯坦说，拥有这些强有力的知识，能使学生产生思考那些“不可想象的”及“还未想过的”问题的潜力。可见，要想将知识变得更有价值，更强有力，必须通过“实践”才能实现。

从个体发展角度来看，著名思想家、哲学家王阳明提出的“知行合一”思想，产生了巨大的反响和影响。如“知之真切笃实处，即是行；行之明觉精察处，即是知”，阐述知和行不是孤立的，二者相辅相成，缺一不可；“人须在事上磨”,强调实践的重要性。这些都成为世人孜孜不倦追求的为人处世的境界。

总之，实践不仅是建立人与自我、社会、世界内在联系，更是发展人、成就人、改造世界的重要元素。

---

❶ 迈克尔·扬．把知识带回来 [M]. 北京：教育科学出版社，2019.

三、知识与实践

从教育领域出发，学科知识的第一用途在于了解或掌握各学科的知识与技能，积淀相关的学科素养，形成道德品质；第二用途在于更深一步研究，成为科研人员创造新的知识体系；第三用途在于生活中得以应用，解决问题，创造生活，从而产生新的知识结构。

以上三种知识形态缺一不可。当2020年出现新冠肺炎疫情时，怎么治疗和防疫？2021年7月河南省郑州市、新乡市等发生了暴雨事件，城市需要保护、人民需要安全，怎么解决？北京、武汉、苏州、南京、郑州等地区发生疫情，为了不被蔓延、为了彻底排查，怎么办？解决的办法就是应用科学的知识和方法出台一系列的方案和采取一系列的行动。疫情控制、疫苗的发明也是随着社会出现的新问题而研制成功的；大暴雨的泄洪需要科学方法，村民的搬迁、转移也需要科学的考察和决策等。

这些需要经验才能解决当代社会出现的新问题，经验来自已知的科学依据、学科知识、学科技能和产生的新经验与技能，以及人的高尚情操。可见，知识与实践是分不开的。只有将知识进行应用，才能让知识“活”起来、有价值，同时也会实现知识的重构与迭代发展。

在学科知识与社会关系上，杜威反对二元论的思维方式。他认为学科知识是在社会生活中通过实践发展起来的，而社会的进步又依赖于学科知识，二者相互作用、互相依存。因此，杜威说学科知识与社会是相互作用、互相依存的，笔者认为还是相互产生的。

余文森教授提出这样一个观点，在传统“特殊认识论”的框架里，学科知识往往是以知识之间的逻辑关系进行“阶梯式”的呈现和推进；在学科实践的育人模式中，学科知识往往是以情境、问题、任务、项目的方式进行“登山式”的呈现和推进，这样就倒逼着学生必须去经历、去参与、去探究、去完成，而不是简单地听、记、背、练，是“基于知识、通过知识、为了知识”的活动。

由此可知，学科知识具有独特性，每一门学科知识都具有独特的学科思想、知识体系、价值地位，也正是众多的学科知识让人类从不同角度、领域知道了世界的存在、伟大的发展史、万物的生存法则、宇宙的秘密等。学科知识很重要，是人类赖以生存的最基本保障。但知识单独存在是没有意义的，就像一个词语，没有一定的语言环境，就不能发挥它的特质。知识存在的意义不仅是知道、获得、应用，还有重组、叠加、创造。只有将其应用到生活和社会中去，才得以让我们知道如何生存，解决问题，形成经验，创造生活，推进社会进步与发展。

从马克思主义的辩证唯物论来讲，其中一个观点是它的实践性，强调理论对于实践的依赖关系，理论的基础是实践，又转过来为实践服务。通过实践而发现真理，又通过实践而证实真理和发展真理。从感性认识能动地发展到理性认识，又从理性认识能动地指导革命实践，改造主观世界和客观世界。实践、认识、再实践、再认识，这种形式，循环往复以至无穷，而实践和认识的每一个循环的内容，都通过比较进入了高一级的程度。这就是辩证唯物论的全部认识论，这就是辩证唯物论的知行统一观。❶

从教育领域分析，面对百年变革，教育改革，社会进步，培养未来的人，能够随时接受挑战，需要通过一个“载体”将知识与实践紧密地联系和搭建起来，才能实现一个人在“知—情—意—行”统一的发展，知行合一。这个“载体”就是综合实践活动课程。

---

❶ 毛泽东．实践论 [M]. 北京：人民出版社，1958.

第二节　综合实践活动课程何以将知识与实践螺旋发展

综合实践活动课程为“何物”，又是如何将知识与实践螺旋发展的呢？

追溯综合实践活动课程的源头，应该从杜威、克伯屈的教育理念进行研读与理解。换句话说，就是我国的综合实践活动课程、研究性学习不仅继承着这些教育家的理念，还结合我国国情和文化，进行了丰富与发展。

一、杜威的“五步教学法”

杜威是美国实用主义哲学的代表人物和创始人，也是20世纪人类历史上最有影响的教育家之一，撰著益富，声望益隆，闻名遐迩，终成一代宗师。我国学者胡适等或为其门生，承其衣钵者不乏其人。

他提出课程的三个理念，教育即生活、教育即生长、教育即经验的不断改造。杜威强调经验的作用，并批判“旧教育”只重视系统性的知识，却忽视了知识只能通过学生切实的经验才能发挥作用。❶由此，他主张将所有的知识技能的学习都变成探究式或者问题解决的过程，并与社会生活，特别是职业世界联系起来。这样的话，知识与技能的获得就不是死记硬背、机械学习的传统模式，而是变得生动、有意义。杜威提出“五步教学法”如下：

（1）为儿童的学习设置一种经验的真实情境，使其包含在儿童感兴趣的活动中。

（2）提出能促使儿童思考的真实问题。

---

❶　约翰·富兰克林·博比特.课程[M].北京：教育科学出版社，2017.

（3）让儿童收集和获取有关解决这一问题的知识。

（4）让儿童提出制订关于这一问题的可能性的假设和解决问题的方案。

（5）让儿童对所解决的问题进行检验。

杜威的“五步教学法”的活动要素有：创设真实情境、提出真实问题、收集与获取知识、提出解决方案、检验问题的解决。我国综合实践活动课程的具体实施步骤可以细化为：确定活动主题—结合小组—制订方案—实践调查—总结反思—汇报展示—活动评价，探究的过程和杜威的“五步教学法”有相似的地方，都突出“真实的情境”“系统的研究”“实践过程”“获得结论”等学习方式，意在改变“重知识”的死记硬背，要将知识与实践结合起来。这一理念顺应了课程改革的方向。

通过研读大量的书籍，笔者得到以下结论：综合实践活动课程是国家在2001年的课程改革方案中出现的新术语，对我们来说也是一门新生的课程。但从课程的理念、性质、意义、实施步骤、资源开发等方面融入并发展了卢梭、杜威、克伯屈的教育理念及教学方式，突出“实践”“经验”，是我国的一大创举和课程改革的里程碑。

综上所述，综合实践活动课程的实践性、探究性、活动性、生成性等特征，决定了课程的价值，不是单一知识的存在，而是知识、技能、实践、情感态度价值观相融合，把学习主体交给学生，学习内容、学习方式都发生了变化，体现了新时代学习方式的转向：从教室走向社会、从课本走向世界、从被动学习走向主动学习、从机械学习走向实践学习、从单一学科走向跨学科融合、从学识走向知行合一、从重结果走向重过程；进一步改变了学生“学”的方式，教师“教”的方式；实现了课程育人、实践育人、合作育人、活动育人和评价育人。

二、克伯屈的项目学习

“项目学习”（简称“PBL”）起源于16世纪末罗马和巴黎的建筑学校或艺术学院中，到18世纪中后期，它作为一种学术和教学方式正式在教育中获得认可。[1]

克伯屈于1918年发表《项目教学法》一文，“项目学习”开始进入教育界，成为教学方法。克伯屈在世界范围内被誉为“项目教学法先生”，他是杜威的学生。

项目的形态应该是什么样的？克伯屈举例说：假如一个姑娘做了一件衣服，如果她确实是基于热情、流行式样的目的做这件衣服，如果她事先做了计划，如果是她自己做的衣服。那么，我应当说这是一个典型项目的实例。克伯屈认为必须满足以下几个条件方可称为项目：第一，拥有明确而有力的目的；第二，目的一以贯之，渗透且主宰着活动的每一个过程和步骤，使活动具有整体性；第三，活动过程始终洋溢着热情、激情与赤诚；第四，活动处于社会环境之中。把这些条件统合起来就是关于项目的更完整意义，那就是：在社会环境中执行的赤诚的目的性行为即项目。

项目学习有哪些类型呢？克伯屈在《项目教学法》中概括写道：

让我们考虑对不同类型的项目加以分类：类型1，其目的是以外在形态体现某种观念或计划，如造一条船、写一封信、表演一个戏剧；类型2，其目的是享受某种（美学）经验，如听一个故事、听一场交响乐、欣赏一幅画；类型3，其目的是克服某种理智困难、解决某个问题，如确认纽约市经济增长是怎样超过费城的；类型4，其目的是获得某项或某种程度的技能或知识，如学会在桑代克量表上写出14绩点、学习法语不规则动词。

---

[1] 张华．小学综合实践活动[M].重庆：西南师范大学出版社，2018：38.

如果通过“类型1”“类型3”来实现“类型4”的学习，才是最理想的学习模式。克伯屈明确指出传统学校中“类型4”，甚至“类型3”的比例太高了，需要增加“类型1”的占比，它们之间彼此渗透、穿插，互相作用，而将其彼此融合实践才是最理想的模式。[1]这也是对其老师杜威理念的延续与深化。

我国在2001年将研究性学习作为综合实践活动课程最重要的一个领域，涉及人与自然、人与社会、人与他人、人与自我，不像克伯屈的四个类型分得很细，而是更为广阔、开放与包容，但同时也融合了克伯屈的这四个类型的内容。

笔者认为，不管是项目学习，还是研究性学习、综合实践活动课程，它们都有共同的内涵和价值：突出实践学习，让学生像科学家一样去思考，经历严谨的、严肃的、不怕挫折的研究精神；研究的过程并非浅尝辄止，而是专业有深度的，应用各个学科科学的实践方法与技能；学生的思考超出已有知识和经验，获得更多的知识，建构新的知识体系和新的经验；学生能够通过动手动脑在“做中学”“做中创”，产生积极的学习态度和情感，促进全身心的活动成就感和自豪感等；整个学习让学生建立“知识—人—世界”的完整链接，获得生命体验，持续发展作为人要完成的生命的使命。项目学习是推进课程改革、变革学习方式、改革课程内容和评价最有效的学习方式。

第三节　学科活动是不是综合实践活动课程

我们需要先厘清学科活动的特点、综合实践活动课程的独特特质，才

[1] 张华．小学综合实践活动[M]．重庆：西南师范大学出版社，2020：32-36.

能明晰它们之间的联系与区别，从而明晰学科活动能不能代替综合实践活动。

综合实践活动课程是一门综合性、活动性、实践性很强的课程，体现了学生在“活动中得以成长”的真谛。综合实践活动课程的发展延续了杜威的教育理念，是注重实践、经验的改造，与马克思主义实践观意义一样。综合实践活动课程不是单一的学科或学科活动，是由多个任务串或多个活动意义构建成的丰富多元的课程，具有综合性、自主性、实践性、整体性、生成性、开放性、融合性等独特的特点，是跨学科的综合性学习。尤其从课程目标上看，一个活动主题可能同时实现培养学生的解决问题、责任担当、价值体认、创意物化等意识和能力，并落实与发展了多个学科的核心素养。

学科活动是基于学科知识与技能拓展出来的活动，学科性质比较浓厚，对学生活动内容不侧重于跨学科的设计及人作为社会中一个个体存在的关系，注重的是学科知识与技能的应用与延伸；在活动目标制订上是教师的行为，而不是学生的意向或兴趣，不以学生为中心；在活动形式上不注重追求多样的研究方式和多元的总结交流，而是更为深刻或开阔的知识类、技能类的获得；学科活动也倡导学生进行小组学习，但不会将学生合作的能力作为系列单独培养；学科活动体现的活动意义和学习意义比较单一，横向不涉及多个学科、纵向不追溯深度的交叉；学科活动只是活动，不是课程。

《义务教育课程方案（2022年版）》中提到要突出“学科实践”。“从学科层面讲，学科实践是学科学习的王道、正道，是学科学习的主路径、主渠道。偏离学科实践的学习不可能真正学到学科的内涵、本质和精髓。学科实践是一个相对更具包容性和概括性的概念，它指向的是学科探究、学科活动、做中学、具身认知，任何基于实践、通过实践的学科学习，都是学科实践的表现。”可见，学科实践是一种学习方式，也是一种活动方式。它是学科活动中的一种学习实践探究方法和路径，但不是课程。

《中小学综合实践活动课程指导纲要》（以下简称《指导纲要》）中强调综合实践活动课程是跨学科实践课程，注重引导学生在实践中学习，在探究、服务、制作、体验中学习，分析和解决现实问题。它可能涉及多门学科知识，但不是某门学科知识的系统学习，也不同于某一门学科中的实践、实验环节。

同时，《指导纲要》中也明确指出要厘清综合实践活动课程与学科课程的关系：在设计与实施综合实践活动课程中，要引导学生主动运用各门学科知识分析解决实际问题，使学科知识在综合实践活动中得到延伸、综合、重组与提升。学生在综合实践活动中所发现的问题要在相关学科教学中分析解决，所获得的知识要在相关学科教学中拓展加深。防止用学科实践活动取代综合实践活动。

其中，针对综合实践活动课程与专题教育的关系，《指导纲要》明确提出：可将有关专题教育，如优秀传统文化教育、革命传统教育、国家安全教育、心理健康教育、环境教育、法治教育、知识产权教育等，转化为学生感兴趣的综合实践活动主题，让学生通过亲历感悟、实践体验、行动反思等方式实现专题教育的目标，防止将专题教育简单等同于综合实践活动课程。要在国家宪法日、国家安全教育日、全民国防教育日等重要时间节点，组织学生开展相关主题教育活动。

比如，出示《风筝》这一主题，不同学科的教师会关注本学科与风筝有关的知识，从美术学科角度看，注重的是少量的知识和美学方面的绘画；从语文学科角度看，注重的可能是一个与风筝有关的故事；从数学、物理学科角度看，注重的是风力、平衡力、三角形的构造等；从历史学科看，注重风筝的发展史；从德育课程或专题活动看，注重结合风筝开发离校课程，寄语美好的未来等。但综合实践活动却能将以上所有学科与活动涉及的知识、技能、思想涵盖与包容，打破单一学科的壁垒，建构纵向联系，“揉碎”融合在一起，重新建立学生新的知识体系、体验、经验和思维，让学生经历一个完整的项目探究过程，情感意志力得到不断挑战和持续发展，如图 1-1 所示。

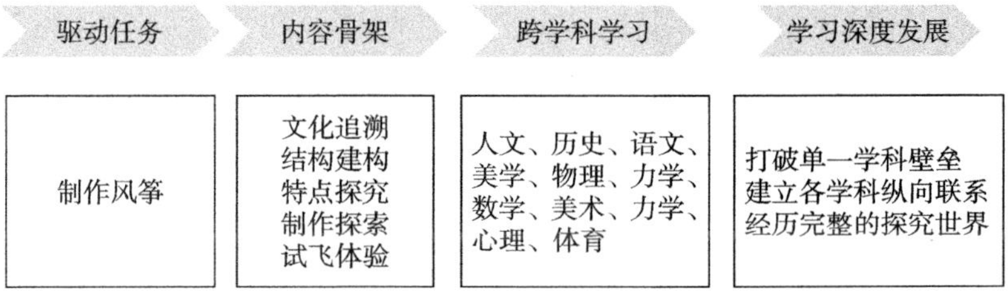

图 1-1 “知—情—意—行”相融合，知行合一

综上所述，我们可以得出结论——学科活动、专题教育等活动不能代替综合实践活动，但通过一定的课程设计可以转化成综合实践活动的主题，按照综合实践活动课程的理念、步骤、评价等开展活动，让学生经历更为丰富的体验，建立起个体与自然、社会、世界的链接。

那么如何将学科活动转化为综合实践活动课程呢？见表 1-1。

表 1-1 学科活动转化为综合实践活动课程

要素	学科活动 → 综合实践活动
活动意义	为了知识的拓展→让学习与生活、社会、世界建立整体联系
活动主题	从教师确定→基于学生兴趣、提议
学习内容	课本、知识→问题驱动
活动目标	注重学科三维目标→核心素养为导向的学习
活动方式	注重有知识的实践→探究与应用知识的不断实践与进阶

续表

要素	学科活动 → 综合实践活动
活动时间	一节课→两三周、一个学期
学生学习	教师为主导→学生为主体，亲历感悟、实践体验、行动反思等
活动成果	注重学会、理解、拓展→注重内化、反思、分享、推广
教师角色	教师以“教”为主→教师是指导者、帮助者、激励者、点拨者等
活动评价	模糊性、注重结果→量规式、注重过程及情感价值观

从表 1-1 中可以看出，每一个要素内容都指向学生的主体地位，发展学生的各个能力，注重活动的亲身体验，深化活动的实践探究及真实情境下的所获所得。它不是单一的学科活动经历，而是丰富多元的活动串形成的课程内容、完整的课程体系，突出跨学科方法、思想的融合，基于各个学科的核心素养又发展其核心素养，实现了实践育人，不仅让知识更加有价值，还让实践更迭加发展。

第二章

实　践

第一节　为什么综合实践活动课程不好开展

《中小学综合实践活动指导纲要》指出，综合实践活动是从学生的真实生活和发展需要出发，从生活情境中发现问题，转化为活动主题，通过探究、服务、制作、体验等方式，培养学生综合素质的跨学科实践性课程。

从课程领域看，以学生的世界为中心，不好开发。课程要以学生的真实世界和生活确定驱动任务，涉及领域之广，学生求知欲之强，兴趣爱好之浓厚，决定了学生会产生很多的问题，教师需要根据学生的兴趣爱好确定有价值的问题，并遵循学生年龄特征和教育规律设计课程，指向于学生个体生活、社会生活及与大自然的接触，体现出课程的意义和持续性发展，这些并不好选择和开发。

从课程内容看，以活动主题为形态，不好设计。综合实践活动是一门课程，并非一项活动，因此活动主题的设计一定是一系列逐层发展的活动串。基于课程的特征，活动的设计必须根据研究的对象或问题，体现出实践性、综合性、跨学科性、体验性、生成性等特点，统筹考虑活动目标、活动内容、活动方式、活动评级，还有校外资源的开发与利用等，这些决定了活动内容不好设计。

从活动方式看，需要实践体验类活动，不好实施。综合实践活动不是以讲授就能实现目标的，而是需要学生动手动脑，亲身经历，在做中学、做中思;综合实践活动不是从书本上获得，而是要从实践中、社会中获得，如调查、采访、实地考察；综合实践活动不是通过一种学习方法就能获得研究结论，而是需要通过多种科学严谨的研究才行，如统计、分析、实验、对比、观察等。这样的研究过程是专业的，多样的，决定了实施过程不容易开展。

从课程特征看，综合实践活动课程是一门跨学科学习的课程，不好挖掘。跨学科学习不是几门学科的知识和技能的体现，而是多个学科的方法、思想融合在一起后重构的思维，建立的新的知识体系、新的经验及创造。可见，能否将各个学科的方法、思想在活动中有效地挖掘出来，培养学生跨学科学习的综合能力，建立纵向的知识与技能的链接，构建学生的世界观、人生观和价值观，并不容易。

从教师素养看，需要具备综合素养，不好胜任。综合实践活动课程涉及领域非常广，实践探究过程需要非常专业的知识和技能，决定了教师的指导必须是专业的。一旦学生喜欢的活动主题超出教师已有的认知领域，不是敷衍了事，而是需要教师通过自学或者邀请专家，给予学生专业的指导和帮助，这样学生才能继续科学的研究。一名综合实践活动课教师需要在不断成长、不断学习、不断丰富自己的路上，才能胜任学生多元化的研究主题。

从课程主体看，是活生生的学生，不好指导。学生是一个个鲜活的个体，积累一定的知识与技能，具有一定的思想和认知，他们在活动中更加灵动，每时每刻都会处于成长的状态，导致活动的生成性很强，教师需要在没有准备的情况下及时调整活动，这对教师是种挑战。另外，学生在研究活动中是自主的、真实的，个性的学生往往会展现出教师难以预料的言行和想法，教师会出现难以驾驭和指导的情况。

从课程评价看，注重过程性，不好评价。综合实践活动课程有准备阶段、实施阶段、总结阶段，根据三个阶段的实施内容，学生需要经历“发现问题—结合小组—制订方案—调查—采访—实地考察—总结—交流”等步骤，每一次活动都经过精心设计，学生有任务，结束后都需要学生开展自我评价及小组评价，这样才能在一步步的肯定、反思中顺利完成研究。学生活动环节多，评价需要有针对性，设计评价量规，记录过程性评价，结合终结性评价，最终给予一个总评，是一个不容易的过程。

国家在2001年将综合实践活动课程作为国家课程，以研究性学习为主，推动课程育人，进一步转变教师“教”的方式和学生“学”的方式，培养学生的问题意识，提高学生解决问题的能力，提升学生综合能力，落实素质教育。2022年4月国家颁布了新的《义务教育课程实施方案》，方案中多次提到“实践”“跨学科学习”“综合性学习”等词语，综合实践活动课程本身就是实践性课程、跨学科课程，《义务教育课程实施方案（2022年版）》进一步体现了综合实践活动课程在课程内容、学习方式、活动方式、教学方式、评价方式等方面改革的独特价值及课程实施对学生发展的深远影响。可见，跨学科学习、实践探究、综合性学习等将成为新时代学习方式的转向，引领教师教育理念的丰富，指导课程、课堂、活动、评价等方式的转变，同时也为每一门学科的教师提出了挑战。尤其是综合实践活动课教师，面对的不是一门单一的学科，而是涉及领域广泛的主题式探究活动，要求教师有不同于学科教师的素养，如具备主题确定能力、组织活动能力、有效指导能力、活动调控能力、活动评价能力、开发资源能力等，这些能力并非一朝一夕就能完成。

综上所述，根据综合实践活动课程的性质、理念、目标、实施步骤、活动评价、教师水平等，决定了它不好开展。它的有效落实，需要多种因素的支撑和融合。

通过郑州市金水区十几年的综合实践活动课程常态化实施，我们将各个活动环节的能力指标从1~9年级进行细化，不仅完善了《指导纲要》只有总目标，没有年级段目标的设计，还为教师的活动指导提供了依据，解决了教师对课程目标模糊、不会实践指导、不知如何评价等问题，见表2-1。

表 2-1　1~9 年级能力发展标准的具体内容

年级指标	1 年级	2 年级	3 年级	4 年级	5 年级	6 年级	7~9 年级
问题意识	有提出问题的意识，能提出简单的问题	能从拥有提出问题的意识向提出问题的能力过渡	（1）了解问题是研究的起点，知道发现问题的重要性。 （2）围绕主题，提出并简要表述感兴趣的问题	（1）简单梳理提出的问题，并确定有研究价值的问题。 （2）能清楚地表述提出的问题	（1）能从生活中提出有研究价值的问题，并归类。 （2）能准确表述提出的问题	（1）能从生活中发现问题，确定可研究的活动主题。 （2）对研究的问题能进行延伸性拓展	（1）能自主发现问题，将其分解、归类，并进行可研究性论证。 （2）确立主题，并能清晰地阐述其内容
分工合作	通过校内 4 人以内的活动及家庭亲子活动，培养小组合作意识，学会相处	能在教师指导下完成教师分配的工作，学会协作，完成小组合作任务	（1）初步了解合作的重要性。 （2）能根据活动内容，在教师指导下进行简单分工	（1）明确成立活动小组的条件。 （2）根据活动内容，在组长带领下，根据特长简单分工	（1）能够根据条件，快速成立活动小组。 （2）小组内合理分工，在活动过程中体验合作的快乐	（1）课下根据活动需要自主成立小组。 （2）合理利用自己和他人的优势，分工合作，共同完成任务	（1）毛遂自荐，竞选组长，乐意做负责人。 （2）自主创建小组文化，加强沟通交流，彼此促进，共同进步
制订活动方案	能够口头表述任务中心思想	能够在教师一步步指导下完成简单的活动计划	（1）知道做事要有计划，明白方案的作用，了解活动方案的要素。 （2）在教师指导下，填写活动方案表	（1）小组列举活动目标，按时间顺序安排进程。 （2）在组长带领下，填写活动方案表	（1）小组列举活动目标，明确研究任务，确定研究目的。 （2）根据活动需求，设计小组活动方案	（1）独立列举活动目标，明确研究任务，提出主要目的。 （2）从时间、地点、条件、分工、任务等方面设计可行性方案	（1）小组制订详细活动方案。 （2）小组主动探讨方案的可行性，完善方案，并对实施中的问题提出预测及解决预案

续表

年级指标	1 年级	2 年级	3 年级	4 年级	5 年级	6 年级	7~9 年级
观察	有观察意识，敢于表述观察内容	（1）在教师指导下能够通过看、听、尝、闻、触、想、比等基本观察方法，增强观察兴趣。 （2）能用几句话对观察结果进行描述	（1）通过多种方式进行观察，增强观察兴趣。 （2）学会按一定顺序观察事物，并填写简单的观察表，能抓住事物的主要特点，写观察日记	（1）学会从多角度观察事物，能在观察中提出问题。 （2）有自己的感受和认识，培养留心观察、乐于观察的习惯。 （3）通过图片、视频对观察过程进行记录	（1）能有目的、有计划、有选择的观察，培养观察能力。 （2）培养善于观察的能力；乐于观察，培养写观察笔记的习惯。 （3）利用现代化媒介进行记录	（1）灵活运用观察方法，善于从观察中发现问题。 （2）发展观察能力，坚持写观察日记，形成善于观察的习惯	（1）自觉运用各种观察方法，提高观察的敏锐性、深刻性。 （2）全面发展观察能力，持之以恒地发展好的观察习惯
访谈	敢于交流并用图文结合等形式记录访谈内容	（1）能够围绕主题进行有准备的访谈。 （2）能尝试完成简单的访谈记录表	（1）了解访谈的重要性。 （2）能够比较合理的确定访谈对象，并初步提出符合访谈目的和访谈内容的问题。 （3）围绕主题设计访谈记录表并完成记录	（1）明确访谈的目的和意义。 （2）合理确定采访对象，列出提纲；仿照模板制作访谈记录表。 （3）做简单的记录，并根据访谈情况，做出总结	（1）小组内针对活动内容制订访谈计划。 （2）小组分工，完成访谈内容。 （3）做较详细的记录，整理出有效的访谈总结	（1）明确访谈目的，根据活动主题制订详细的访谈计划。 （2）详细记录访谈内容。 （3）总结出有效结论，并有自己的合理见解	（1）能明确访谈对象及目的。 （2）确定组内分工，访谈形式，合作完成访谈任务。 （3）多种形式整理、展示访谈结果，并对访谈结果有一定的思考

续表

年级指标	1年级	2年级	3年级	4年级	5年级	6年级	7~9年级
调查	（1）能够根据一个简单的问题进行调查。 （2）能够用符号、文字、图形等对调查结果进行记录	（1）能够完成简单的调查表。 （2）能根据调查表的内容，尝试进行简单的调查	（1）了解调查的作用和重要性。 （2）能根据调查目的完成调查工作。 （3）能根据调查表的内容，尝试进行简单的调查	（1）学习抽样调查法并尝试使用。 （2）小组分工，完成一项抽样调查。 （3）对调查进行简单的分析和总结	（1）根据调查目的设计调查问卷。 （2）小组合作，完成简单的问卷调查。 （3）对调查结果进行分析和总结	（1）根据活动内容和调查目的选择适合的调查方法。 （2）有效实施调查。 （3）根据结果设计统计表并进行分析	（1）熟练掌握调查表的格式和内容。 （2）自主设计调查问卷，独立或合作实施。 （3）撰写简单的调查报告，并进行反思
实验与操作	在教师指导下能尝试与完成简单的实验	（1）了解实验目的。 （2）尝试进行简单的实验	（1）能够尝试性地提出猜想。 （2）简单记录实验过程与结果	（1）有步骤地进行实验。 （2）记录实验过程与结果，对结果进行分析	（1）比较严格地进行实验操作。 （2）对实验结果进行简单的比较与分析	（1）规范地进行实验操作。 （2）对实验结果比较分析，撰写实验报告	（1）自主确定实验器材、实验步骤，熟练运用各科知识，独立完成实验。 （2）及时记录实验过程及结果，完成实验报告，对实验的结果有所思考
设计与制作	在教师指导下能够按照一定的步骤完成简单的作品；能进行作品分享，初步培养制作兴趣	小组内尝试制作简单的作品	（1）了解设计制作的目的和意义，初步培养制作兴趣。 （2）在教师指导下，能根据所给物品进行简单创作。 （3）能够表述设计理念	（1）明确设计制作目的，提高制作兴趣。 （2）小组合作，进行一定的创新设计。 （3）体现作品的美观性、和谐性、实用性	（1）具备一定的动手操作能力，乐于进行设计制作。 （2）独立或合作设计完成作品。 （3）有创新的设计理念，并通过作品展现出来	（1）动手操作能力强，对设计制作有浓厚兴趣，乐在其中。 （2）根据项目制作一项简单的作品来解决生活问题	（1）明确制作目标及材料，预见制作过程中可能的问题，能有效处理。 （2）能够科学严谨地设计与制作一个项目物品。 （3）详细展示、介绍作品理念，并将产品进行推广及生产

续表

年级指标	1 年级	2 年级	3 年级	4 年级	5 年级	6 年级	7~9 年级
收集与整理资料	能把自己的资料利用文件夹和档案袋进行妥善保存	（1）能对收集到的资料进行展示交流。 （2）在教师指导下对档案进行分类	（1）能用一两种方式收集与研究主题相关的资料。 （2）对资料进行阅读，学会标注出研究结论。 （3）对研究结论能进行简单、准确的书面陈述。 （4）能够对活动主题的资料进行整理	（1）能用两种以上的方式形式收集有用的资料。 （2）筛选、提炼、标注出研究结论。 （3）对研究结论能用简报、手抄报等形式，发布较翔实的结论。 （4）根据主题设计符合主题意义的档案	（1）用上网、书籍、调查等三种以上的方式收集资料。 （2）用资料卡的形式筛选、提炼、总结资料。 （3）得出翔实、准确的研究结论，并提出自己的观点。 （4）利用现代化媒介整理资料	（1）熟练掌握上网、书籍、调查等多种收集资料的方法。 （2）掌握对资料进行汇总、提炼的方法，学会验证结论是否正确。 （3）用论文的形式对资料进行整理。 （4）能将各类文本资料进行分类、规整，制作成有封面、封底和正文的完整资料文档	（1）能够借助档案袋、文件夹、U 盘等工具，在活动中及时收集、保存各类资料。 （2）能将各类文本资料进行分类、规整，制作成有封面、封底和正文的“书”或电子文档。 （3）能将资料制作成 PPT，并更好地展示出来。 （4）对于小学阶段经历的活动主题档案进行整理
撰写报告	利用图画、语言等多种形式展示自己的收获，有总结意识	（1）认识到总结的重要性。 （2）用简短的文字表达自己的感受并适当结合图片等其他形式	（1）掌握总结与反思的方法。 （2）及时写出自己在活动中的感受。 （3）初步学会有条理地运用文字表达活动结果	（1）了解撰写调查报告、观察报告、实验报告等的基本格式。 （2）尝试撰写简单的有自己观点的活动总结	（1）学习引用资料，区分自己和他人的观点。 （2）及时与同学或指导教师交流活动中的感受。 （3）撰写调查报告、观察报告、小实验研究报告等	（1）能在活动过程中自主地获取知识，并加以整理。 （2）学会合理引用资料，清楚地表达自己的观点。 （3）学会写调查报告、观察报告、小实验研究报告等，根据结果提出建议或解决策略	（1）能熟练掌握各类报告的书写格式，如观察、访谈、调查、实验报告等。 （2）能自主独立的撰写各类报告，可以清晰、完整、详细地阐述活动过程。 （3）能对报告的结果有一定的分析与思考

续表

年级指标	1年级	2年级	3年级	4年级	5年级	6年级	7~9年级
展示交流	体会展示交流的乐趣，敢于展示，乐于展示	（1）小组内能够进行简单的分工合作。 （2）知道汇报展示研究的主题和研究的结论	（1）粗略了解不同的展示形式，详细了解自己感兴趣的某种形式。 （2）能通过多种形式，展示小组的研究成果。 （3）知道汇报展示研究的主题和研究的结论	（1）学会对小组展示进行设计。 （2）能多角度、多方面汇报小组的研究成果。 （3）能选择最恰当的形式，展示小组的研究成果	（1）能根据内容、分工、形式、用具、所需时间等，自主设计小组汇报方案。 （2）能利用多种形式，展示小组研究过程。 （3）能有重点地展示小组的研究成果	（1）能从多角度考虑汇报内容并充分发挥小组特色的前提下，设计汇报方案。 （2）能用答辩式方法，展示小组研究成果。 （3）人人要熟悉本组情况，答辩有理有据	（1）自荐产生发言人，发言人独立自主完成展示发言稿，并能清楚地阐述本组成果。 （2）主动从其他组展示中悟到新知识。 （3）欣赏他人成果，主动记录感受，促进自我成长
评价	有评价意识，感受到评价对自己的激励作用	（1）认识评价的重要性。 （2）了解并掌握自评、互评的评价方式	（1）了解综合实践活动评价的几种基本方法：师生互评、组组互评、自我评价、家长评价等。 （2）尝试对同伴、对自己进行评价	（1）小组设计简单的评价表格。 （2）根据组员、小组在活动中的表现，做出较公正的评价。 （3）成果展示时，依据评价表对各组做出较为客观的评价	（1）根据活动内容，设计小组评价表。 （2）对同学、对自己进行客观、公正地评价。 （3）根据评价的结果，能够进行统计与分析，提出自己的意见或建议	（1）根据活动情况，对小组、个人做出较公正、客观的评价。 （2）利用评价总结经验或教训，提出建设性意见，促进活动有效、有序开展。 （3）学会主动反思，及时总结优势与不足	（1）熟练掌握多种评价方式，并恰当使用。 （2）根据活动参与度及表现，做出较全面、客观的自评与组评。 （3）能主动征求家长和教师意见及建议，虚心接受、主动记录各方评价，养成善于反思的习惯

第二节　怎么才能开展好课程

课程的落地从宏观讲，靠制度；从中观讲，靠课程具体的有效设计和架构，为教师实施指明方向，提供参考思路；从微观讲，依靠教师的有效落实。有效的设计和架构，起着重要的支撑作用。

综合实践活动课程的活动方式有考察探究、设计制作、社会服务、职业体验、党团队活动、博物馆课程等。《指导纲要》明确了考察探究、设计制作、社会服务、职业体验的活动方式和关键要素，并没有对各要素进行阐述和具体描述。为了促进课程的深度开发与实施、评价与管理，避免教师在实施中没有衡量的标准，削弱活动的实施意义，笔者将几大活动领域的活动要素进行细化，为教师实施提供抓手。

一、考察探究

考察探究是学生基于自身兴趣，在教师的指导下，从社会、自然和学生自身生活中选择和确定研究主题，开展研究性学习，在观察、记录和思考中，主动获取知识，分析并解决问题的过程。例如，野外考察、社会调查、研学旅行等，它注重运用实地观察、访谈、实验等方法获取材料，形成理性思维、批判质疑和勇于探究的精神。考察探究的关键要素包括：发现并提出问题，提出假设、选择方法、研制工具，获取证据，提出解释或观念，反思和改进。基于此，得出以下具体活动指标，见表 2-2。

表 2-2 “考察探究”的活动指标分解表

活动方式	关键要素	活动指标	具体描述
考察探究	发现并提出问题	发现问题	能够从社会、自然、生活及感兴趣的领域发现问题，并有研究的欲望
		选择问题	能够通过删除、合并、归类等方法归纳出有研究价值的问题
		陈述问题	能够对问题进行精练和准确的陈述
	提出假设、选择方法、研制工具	合适的研究方法	能够根据研究主题选择多种研究方法，如查阅书籍、实验、实地考察、采访、调查、观察、统计、对比等
		设计实施方案	能够通过小组研讨设计一份可行的活动方案，涉及活动目的、活动具体步骤（参与人员及分工、活动准备、活动方式、活动流程）、注意事项、需要的支持等
		准备工具	根据研究主题准备实验工具或创造所需工具
	获取证据	活动准备	准备研究方法涉及的活动准备，如制作调查问卷、采访提纲、实验用具、实地考察地点的联系等
		勇于实践与探究	能够亲自参与调查研究、实践探索中，提高解决问题的能力，获取“会说话”的过程性的证据材料
		敢于批判与质疑	在研究活动中敢于表达自己的不同观点和想法，不敷衍了事，能够友好地批判和质疑
考察探究	提出解释或观念	整理与归纳资料	根据资料的类型或研究的顺序进行整理，删除作用不大，归类相同的内容，汇总出丰富而翔实的研究结论
		提出观点与可行性建议	根据研究的过程和结果，提出现象的科学解释或有价值的观点、可行性建议
		论证可推广性	提出与论证可持续发展的做法或倡议，并将其推广
	反思和改进	总结成功	能够将成功的原因进行分析，并推广
		反思失败	结合遇到的问题或困难，反思根源在哪，并能在下次活动中吸取教训
		活动改进	能回头看研究过程、研究结论，进行相应的改进与完善

二、社会服务

社会服务指学生在教师的指导下，走出教室，参与社会活动，以自己的劳动满足社会组织或他人的需要，如公益活动、志愿服务、勤工俭学等。社会服务强调学生在满足被服务者需要的过程中，获得自身发展，促进相关知识技能的学习，提升实践能力，成为履职尽责、敢于担当的人。社会服务的关键要素包括：明确服务对象与需要；制订服务活动计划；开展服务行动；反思服务经历；分享活动经验。具体活动指标见表 2-3。

表 2-3　“社会服务”的活动指标分解表

活动方式	关键要素	活动指标	具体描述
社会服务	明确服务主题	选择服务对象	根据年龄阶段，科学地选择服务对象，能够胜任并考虑安全因素
		考察要服务的场所	开展实地考察，了解场所特点，服务的对象或事件
		分析被服务者需求	了解服务的事件特征，或综合分析被服务者的环境、年龄、需求等，体现可行性、服务性
	制订服务活动计划	商讨献策	小组成员能够各抒己见，出谋划策，发表观点或建议，体现集体智慧的力量
		分工协作	根据服务场地和内容科学地分工，制订详细、可行的实施计划
	开展服务行动	活动准备	根据服务内容和形式，准备相关的活动用品
		勇于担当	在服务过程中能够不怕苦、不怕累，勇于担当
		完成任务	能够根据活动计划，顺利完成服务的任务，并能持续进行服务项目
	反思服务经历	被服务者满意度	通过询问、服务评价卡，总结被服务者是否满意
		个体成就感	个体在服务过程中得到心灵的升华，感受服务他人的快乐感和成就感
		小组凝聚力	小组成员能够齐心协力，共同承担，互帮互助，完成任务

续表

活动方式	关键要素	活动指标	具体描述
社会服务	分享活动经验	形式新颖恰当	通过 PPT、演说、画报、视频等形式，分享服务的过程和结果
		内容重点突出	分享内容需要重点突出、亮点突出，体现服务过程中最难忘的情景或感受
		具有启发性	分享的形式新颖，内容能够从做事经验、克服困难、勇于担当、情感深化等方面得到启发

三、设计制作

设计制作指学生运用各种工具、工艺（包括信息技术）进行设计，并动手操作，将自己的创意、方案付诸现实，转化为物品或作品的过程，如动漫制作、编程、陶艺创作等，设计制作注重提高学生的技术意识、工程思维、动手操作能力等。在活动过程中，鼓励学生手脑并用，灵活掌握、融会贯通各类知识和技巧，提高学生的技术操作水平、知识迁移水平，体验工匠精神等。设计制作的关键要素包括：创意设计；选择活动材料或工具；动手制作；交流展示物品或作品；反思与改进。具体活动指标见表 2-4。

表 2-4 “设计制作”活动指标分解表

活动方式	关键要素	活动指标	具体描述
设计制作	创意设计	确定设计对象及目标	根据发现的生活问题、需要解决的问题，是一种创意想法，确定设计目的
		构思设计理念	设计理念新颖、有创意，有欣赏性、实用性
	选择活动材料或工具	准备或购置相关物品	根据需求购置相应的材料和工具
		选材要求	选择的材料要安全、节约

续表

活动方式	关键要素	活动指标	具体描述
设计制作	动手制作	构思设计步骤	能够画出实施的思维导图，能够应用比例尺、科学地设计图纸，流程清晰
		开展实践操作	根据设计步骤，应用所学的知识，动手实践与创作
		不断调整与完善	体验失败与不断完善的探究过程，持之以恒，完成创意设计
	交流展示物品或作品	完成一件作品	作品设计独特，有创造性，用途科学有效
		作品展示	能够清晰表达出设计作品的理念、创造思想及其他独特的地方，给人以启发
	反思与改进	总结反思	能够总结设计与创造中获得的经验；反思遇到的问题与解决策略之间的辩证性；反省整个过程中个体在应用知识、专业技能和情感丰富等方面的提升
		改进与行动	根据整体评价和个体分析，针对不足，提出合理化建议并能进一步完善

四、职业体验

职业体验指学生在实际工作岗位上或模拟情境中见习、实习，体验职业角色的过程，如军训、学工、学农等。职业体验注重让学生获得对职业生活的真切理解，发现自己的专长，培养职业兴趣，形成正确的劳动观念和人生志向，提升生涯规划能力。职业体验的关键要素包括：选择或设计职业情境；实际岗位演练；总结、反思和交流经历过程；概括提炼经验，行动应用。具体活动指标见表 2-5。

表 2-5 “职业体验”活动指标分解表

活动方式	关键要素	活动指标	具体描述
职业体验	选择或设计职业情境	确定职业类型	根据调查问卷或相同的兴趣，确定想体验的职业类型，并分析可行性
		了解职业	通过收集资料、采访、询问等形式，具体了解体验职业的特点、性质、具体工作等
	实际岗位演练	制订计划	根据职业岗位制订可行的计划，考虑体验的具体内容、目标、时长、人力协助及活动准备等
		岗位体验	按照计划完成体验目标，做好每天的体验记录，养成收集和保留体验过程的文字、视频等资料的习惯
	总结、反思和交流经历过程	整理资料	整理岗位体验过程中所有的资料，可以按照一定的顺序进行整理，如选择这个岗位的原因、活动规划、体验的过程、目标完成程度及体验感受等
		交流感受	能够通过新颖、吸引人的形式，清晰、有重点地总结与交流岗位体验的过程、感受与收获，体现对岗位的认知，形成的价值观、人生观等
	概括提炼经验，行动应用	体悟他人	职业不分贵贱，懂得他们的辛苦付出，要尊重和珍惜每一个岗位人士的劳动成果，为社会创造的价值
		树立观念	树立职业梦想，并为之规划与行动

五、博物馆参观

《指导纲要》中提出开展博物馆课程。笔者通过多年实践，有效的博物馆课程不是简单的参观活动，而是以研学为主，渗透考察探究、实践基地考察、红色主题、党团队活动相结合的实践活动，发展学生价值体认、责任担当等意识，培养学生综合实践与创新能力。博物馆参观的关键要素包括：明确主题思想、参观前的准备工作、场馆参观、总结交流、文化宣传。具体活动指标见表 2-6。

表 2-6 “博物馆参观”活动指标分解表

活动方式	关键要素	活动指标	具体描述
博物馆参观	明确主题思想	确定场馆	根据需求和兴趣，明确参观的领域和主题，确定参观的场所
		收集资料	根据参观场所，提前了解相关的地理位置、场馆布局、展示内容等，做好相关文化和知识的积淀，明确自己感兴趣的内容或研究主题
	参观前的准备工作	结合小组	根据兴趣或伙伴关系，结合 4~6 人的小组
		制订计划	制订参观计划，考虑活动准备、人员分工，预期成效
	场馆参观	实地参观	能够有序进行参观，遵守场馆纪律，做好记录，对感兴趣的问题进行采访或询问
		项目体验	体验场馆中的某一项目，将知识与实践联系起来，感受中国文化的博大精深
	总结交流	整理资料	小组共同整理资料，设计汇报展示方案
		交流评比	小组汇报参观的感受和研究的成果，开展组与组之间的评价，根据有纪律、有创意、能团结、有办法等方面评出优秀小组
	文化宣传	成果推广	能够将看到的、听到的、想到的，以多种方式，如视频、海报等将博物馆的文化进行宣传和推广，做文化的传播者

六、党团队活动

党团队活动，是国家在 2017 年的《指导纲要》中提出的新的活动方式，原来的《综合实践活动课程指导方案（2001 年版）》中没有这一项，只有研究性学习、信息融合、社区服务、劳动与技术。《义务教育课程方案和课程标准（2022 年版）》中明确指出，劳动与技术、信息技术从综合实践活动课程中单独分离出来。可见，将党团队活动增加到课程中，初衷并不是我们常说的“德育活动”，而是将其课程化。党团队活动的关键要素包括：明确主题思想、制订活动计划、开展实践活动、总结反思、树立精神。具体活动指标见表 2-7。

表 2-7 “党团队活动”指标分解表

活动方式	关键要素	活动指标	具体描述
党团队活动	明确主题思想	主题突出	能够根据节日、学校文化特色、时代发展选择鲜明的活动主题，体现教育意义
	制订活动计划	选择活动形式	根据活动目标，选择适合的活动形式
		确定活动流程	根据活动场所，制订科学、有序的活动步骤
	开展实践活动	小组合作	根据选择的小主题开展知识收集或实践活动体验
		邀请专家	根据活动邀请专业人士，开阔视野
	总结反思	活动交流	开展班级内交流活动，对活动收获、体验、团队参与、规则意识等进行总结与反思
	树立精神	精神传扬	通过宣传、服务等形式，发扬精神，树立价值体验观

第三节　教师需要胜任哪些能力

2022 年国家颁布的《新时代基础教育强师计划》提出，全面深化新时代教师队伍建设改革，加强高水平教师教育体系建设，培养造就高素质专业化创新型中小学教师队伍，推动教育高质量发展。《指导纲要》明确提出：努力提升教师的跨学科知识整合能力，观察、研究学生的能力，指导学生规划、设计、实施活动的能力，课程资源的开发与利用能力等，提高课程实施的有效性和教师的整体实施水平。可见，教师的整体业务水平决定着教育的高质量发展，综合实践活动课教师的课程开发与实施、评价与管理等能力，直接决定着课程质量。

由于综合实践活动课程并不像其他学科有课程标准，同时它的课程性质决定了综合实践活动课教师专业发展具有特殊性，见表 2-8。

表 2-8 综合实践活动的特殊性

要素	特质对比		育人方式变革转向
	综合实践活动	学科	
课程目标	培养跨学科学习的综合性素养	聚焦学科	体现综合育人，开展跨学科学习，落实学生核心素养发展
活动主题	教师和学生共同确定	国家审定	基于学生兴趣，以学生为主体
课程内容	教师自主开发与实施	有教材	建立“知识—人—世界”的整体链接；跟随社会发展、经济发展，贴近学生生活，符合学生实际；满足学生求知欲望
实施方式	实践性活动为主	讲授式、练习式为主	实践育人；倡导“动手做”“做中学”“学中创”，知行合一；以调查、实验、探究、设计、创作、反思为主
学习主体	小组为单位	个体自发学习	建立共同愿景，培养责任担当，互促互进
活动时长	长周期为主的研究	1~2 个课时	持续性培养学生完整做一件事的能力和精神
活动方式	跨学科的综合性学习	单一学科体系	打破单一学科壁垒，实现融合；从教室走向社会；从书本走向探究
课程评价	关注学生综合素质持续发展	注重学习结果	重学习结果转向重学习过程；重知识技能转向综合素养培养
教师素质	课程开发与实施能力、评价能力、资源开发等综合能力	单一学科的专业能力与素养	在不断学习与发展中，教学相长
学习场域	必须开发与利用资源	根据情况而定	协作社会资源共育，拓宽活动空间

从表 2-8 中的“综合实践活动特质”“育人方式变革转向”，进一步说明将综合实践活动课程纳入国家课程是基础教育课程改革中的重要举措，是推动学生学习方式变革、教师教学方式变革、课程育人方式变革的最重要的途径。课程实施的意义和特质，决定了对教师提出更高的、特殊性的要求，对综合实践活动教师专业发展来讲，是挑战，也是机遇。

为了帮助与指导综合实践教师的专业发展，激励教师业务能力的持续性发展，笔者结合自身的经历与经验，以多年教研员的视角，由团队提炼出教师能力发展标准，明确了教师应该具备的课程指导能力，为教师专业能力不断发展提供了参考的指标，见表 2-9。

表 2-9　教师专业能力发展指标

能力项目	初级	中级	高级
课程开发能力	任教一年的教师能够按照学校提供的课程规划，参照已有的实施经验、活动设计、评价办法等，按部就班地进行课程实施	任教二年的教师能够根据学校的课程规划，参照已有的课程实施经验、活动设计、评价办法等，同时融入自己的实施理念、想法，边实践边总结经验，对之前的课程实施策略能够进行完善、补充、创新；能够自主开发一门比较成熟的课程	任职三年及以上的教师不仅能够根据学校的课程规划和已有经验实施、完善、补充；还能在创新基础上叠加经验，建构自己开发课程的经验；能够自主开发至少一门品牌课程，并形成学校的品质课程
规划与统筹能力	任教两年内的教师，第一年能够根据学校已有的课程规划、活动主题规划模仿完成一个活动主题的实施；第二年能够规范地独立完成从主题确定到小组建设、制订方案、调查活动、汇报展示、评价标准等一系列的整体规划与实施，明白教师规划能力对学生活动有效指导的重要性；能够及时调整活动中出现的问题，保障课程顺利实施	任职三年以上的教师，能够参与学校课程规划的制订与研讨工作，并提出自己的想法。在同伴互助下，能够对每个环节的实施进行详细的规划，比如学生的活动方案制订、学生的调查活动指导、学生的汇报展示等，使学生的活动更加有深度，让学生在活动规划与统筹能力上都得到不同的发展；教师自身形成一定的规划思维和活动统筹调整经验	在积累一定课程经验的基础上，能够自主地对学校的课程从课程目标、内容、步骤、评价、实施意见、课程资源开发等方面进行统筹、科学、系统地规划。使学校的课程构建有效实施，学生学科发展等具有导向性、可行性、逻辑性、应用性，独具学校特色。另外教师能够独立完成一个活动主题，从主题确定到小组建设、制订方案、调查活动、汇报展示、评价标准等一系列的整体规划、实施，并及时应对统筹解决活动中出现的各种问题

续表

能力项目	初级	中级	高级
实践能力	第一年新任职教师，能够根据学校课程规划、活动实施方案，开展指导活动；在教研团队的帮助下，能够提前预设在活动中经常出现的问题，如结合小组、采访、收集资料、汇报展示等，并能够进行简单、正确的实践指导	两年及以上任职的教师，在课程实施中能够及时发现活动设计存在的问题，及时进行调整；能够发现学生出现的个性问题，并进行个性化指点；能够对共性问题在原有基础上进行深度地解决和创新性指导	三年及以上的教师，除了正常的让学校课程规划落地、活动主题开展有效外，还需要具备在校外的实践指导能力，把校内活动与校外实践相结合；将综合实践活动课程和学校的其他活动，如文化周、素质评价展示、节日课程、劳动教育等相结合，进行实践
指导能力	任职一年的教师能够基于学校教研组团队的经验，对确定主题、结合小组、制订活动方案、调查统计、采访分析、对比实验、中期交流、汇报展示、总结评价等活动环节进行理念上正确、实践上有效的指导；自身形成一定的思考和指导经验	任职两年的教师在三级能力标准基础上，能够在活动的各个环节的指导经验上进一步完善，形成自己的观点和有效的做法；并在教研组进行推广	任职三年及以上的教师在二级能力标准的基础上，能够形成独特、创新的策略或者模式；能在区域进行推广
合作能力	能够主动和其他教师交流课程实施中遇到的问题，探讨出一定的解决策略；能够参加学校举办的活动；能够完成教研组分配的任务	具备一级能力目标的基础上，能够主动整合教研组内资源，合作立课题、互相听课评课；发挥个人优势；出色地完成任务	除具备二级目标之外，还能整合校内外其他课程资源。能够与其他学科教师组建合作共同体，利用家长资源，共同完成课程规划、实施、评价和宣传等，提升活动品质，给予学生更宽广、更专业的实践平台
评价能力	能够参考教研团队已有的经验进行实践，如小组合作情况的评价、社会实践调查活动评价、汇报展示评价、档案袋评价等;在理论上正确、操作方法科学；在实施中积累一定的评价知识，提升自身的评价能力	能够在三级能力标准下自主开展评价活动；能够通过评价课、自评互评等活动，有意识地培养学生的评价能力；能够关注到各个小组的活动情况并给予评价，为评选期末优秀小组做参考；能够梳理出各种活动评价的有效方法，形成自己的经验	在二级能力标准基础上，逐步建构促进学生发展的评价体系。能够根据学生的年龄特征，设置相应的评价内容和标准;能够根据活动情况，制定相应的评价量规。能够逐步使学生具备一定的评价能力，能够客观、合理地对活动进行指向性评价

续表

能力项目	初级	中级	高级
跨学科融合能力	能够根据活动主题的规划有效地实施课程；对遇到的未知的学科知识及技能抱着对己对学生负责的态度进行查找、咨询和学习，保证知识、技能、方法的正确性；能够指导学生以手抄报、思维导图、信息技术等手段梳理资料，有意识地培养学生融合学科发展及应用能力	能够在基于三级能力标准的基础上，在课程的设计上突出跨学科学习的知识点、技能和应用；教师自身能够绘制实施步骤，涉及其他学科活动方案的思维导图；对于自身达不到的其他专业领域，知道求助与邀请相关专家进课堂	能够在基于二级能力标准基础上，了解小学、初中各学科的内容；在实施中能够找到与活动主题相关的知识、技能、情感态度、价值观的关联点、链接点，确定在活动中培养学生阶梯性发展点；自身通过实践的积累及自学，具备多学科领域的探究欲望和知识储备，尤其是中小学思政、科学、美术、数学、生物、物理、信息技术等学科
自主发展能力	了解国家《课程纲要》；能够将相关理念落实到学校课程规划活动、课堂、学生三个层级；能够对每一个活动主题进行自主规划，预设活动成果；至少有一本专业参考书籍；能够制订业务成长目标，形成活动主题完整的设计；在课堂教学、案例评比等活动中制定目标	在初级基础上，熟知国家《课程纲要》；能够通过多年的实践经验，对学校的课程规划提出一定的建议，完善一定的内容；加强自身业务学习能力，有固定的“看家本领”；至少有四类与专业有关的读物；对自己的业务成果能够以论文等形式进行总结提炼推广	能够制订三年及五年职业规划以及实现目标，并能够按照计划基本实现目标；研读初中与高中的课程纲要，了解高考改革政策；储备与综合实践活动课程密切相关的学科思想与知识，如生物、思政、物理、数学、语文、美术等；能够研究自学国内外教育经典、跨学科的论著等丰富自身理念，不断丰富知识；能够及时总结与反思，不断精进，形成自己的思考和建树
信息技术能力	掌握基本的信息技术技能，能够对文本进行编辑，制作表格、幻灯片、美篇；能够使用摄像机、摄影机	在初级基础上能够建立学校博客圈、公众号；指导学生进行网络调查和统计	基于二级能力目标，能够应用抖音、微视等视频软件将自己和学生的活动进行录制保存；并能指导学生进行自主制作，培养学生的信息技术应用能力

续表

能力项目	初级	中级	高级
总结与反思能力	能够从活动准备、活动实施、活动总结三个阶段总结经验；发现和梳理学生出现的问题；反思自身的课程指导和实践能力，从而制定目标和策略提升，具备自身课程领导力	能够将学生活动中出现的问题进行汇总，通过教研团队研讨，寻找策略；自身实践能力通过看书、写随笔等方式进行提升	能够将学生出现的问题、教师自身实践问题，以研究主题的形式进行研究和探索，形成自己的实践经验和指导意见,并具有一定的引领性、可行性和可操作性

第三章

案 例

第一节 课程规划

课程规划是课程落地并顺利开展的最基本、最关键的元素和保障。郑州市金水区从2001年开始实施综合实践活动课程，至今已有20多年历程。作为国家课程改革实验区之一，郑州市金水区持续推进课程顶层设计，引领学校课程常态化开发、实施与评价，打造学校特色品牌课程，凝练课程的成果与推广。同时，学校不断完善与构建活动规划，指导学校课程开发与实施、评价与管理等，有效落实课程的常态化实施，

持续培养学生的跨学科综合实践与创新能力，落实学生核心素养发展。如《金水区文化路第三小学综合实践活动课程实施规划》。

金水区文化路第三小学综合实践活动课程实施规划

【学校背景】

郑州市金水区文化路第三小学从2006年起，先有班主任兼职综合实践活动课程的开发与实施，经历三年的探索形成了一定的课程实践经验；2009年设置一名专职教师开展综合实践活动，在四、五年级进行常态化实施，形成学校的品牌课程“生活中的卡”“写校志”等；2011年学校专职教师发展到3名，设置3~6年级课程内容；随着国家《课程纲要》的出台及课程的逐步深入和积淀，学校在2017年从一年级开始普及并实施综合实践活动课程，目前学校两个校区共有综合实践活动课专职教师8名，为课程常态化实施提供了师资保障。

学校在近16年的综合实践活动课程开发与实施中，不断完善课程实施规划，调整课程实施内容，明确课型流程，建立课程评价体系，制订家校协

作机制，开发实践资源等，推进了课程持续发展，为学生的成长提供了广阔的、专业的平台，培养了一批敢于探究、勇于实践创新的文三少年，为学生现在能够解决问题、创造未来美好生活打下了扎实的基础。

【课程内容规划】

本规划将教育部主题、省资源包主题、学校特色品牌进行选择和分布，构建丰富的活动主题，注重活动方式的融合，让学生经历多元的知识领域和体验（见表 3-1）。基于六年级学生经历了五年的课程实践，积淀了一定的发现问题、解决问题、自主实践、合作探究的综合能力，为学生提供了“自主选择 自主研究”的空间，进一步激发学生的研究兴趣，充分给予学生自主选择权，不仅顺应时代发展要求，还能了解学生的精神世界和知识视野，形成丰富的、新颖的研究成果，达到教学相长。

表 3-1　文化路第三小学综合实践活动课程实施规划

年级阶段	具体年级	活动时间	活动领域	活动主题		活动周期	活动目标
				教育部、省资源包	学校特色		
低年级	低年级	第一学期	考察探究	看看谁的问题多		2 个月	低年级以培养学生的问题意识和探究兴趣为主，以短周期活动为形式，以简单的小主题探究活动，让学生有兴趣、有意识地经历综合实践活动课程，形成初步认知，提高学生的解决问题能力、表达能力、动手实践能力等，感受课程带给他们不一样的成长
			考察探究 + 设计制作 + 劳动技术		泥咕咕	2 个月	
		第二学期	考察探究 + 设计制作 + 劳动技术	生活中的标志		2 个月	
			考察探究 + 设计制作 + 劳动技术		纸的研究	2 个月	

续表

<table>
<tr><th rowspan="2">年级阶段</th><th rowspan="2">具体年级</th><th rowspan="2">活动时间</th><th rowspan="2">活动领域</th><th colspan="2">活动主题</th><th rowspan="2">活动周期</th><th rowspan="2">活动目标</th></tr>
<tr><th>教育部、省资源包</th><th>学校特色</th></tr>
<tr><td rowspan="8">中年级</td><td rowspan="4">三年级</td><td rowspan="2">第一学期</td><td>考察探究+设计制作</td><td></td><td>文三校园知多少</td><td>2个月</td><td rowspan="4">引导学生关注身边的生活，从日常生活、学习生活、家庭生活中发现一些有意义、有价值的问题。设计调查研究计划，团结协作，开展调查活动，向同学们进行展示，感受生活的乐趣，体验研究的快乐，并学会一种种植技术</td></tr>
<tr><td>考察探究+设计制作+社区服务</td><td>欢欢喜喜过大年</td><td></td><td>2个月</td></tr>
<tr><td rowspan="2">第二学期</td><td>考察探究+劳动技术</td><td>发制绿豆芽</td><td></td><td>2个月</td></tr>
<tr><td>考察探究+设计制作+设计制作</td><td>我的姓名</td><td></td><td>2个月</td></tr>
<tr><td rowspan="4">四年级</td><td rowspan="2">第一学期</td><td>考察探究+职业体验+社区服务</td><td></td><td>生活中的交通标志</td><td>2个月</td><td rowspan="4">培养学生自主发现问题、解决问题的能力，通过多种途径收集资料和有方法整理资料的能力，能根据活动计划完成一件事，激励学生形成热爱生活、服务社会的思想</td></tr>
<tr><td>考察探究+设计制作+职业体验+校园服务</td><td>跟着节气去旅行</td><td></td><td>2个月</td></tr>
<tr><td rowspan="2">第二学期</td><td>考察探究+设计制作+社区服务</td><td>生活与广告</td><td></td><td>2个月</td></tr>
<tr><td>考察探究+社区服务</td><td></td><td>采访城市美容师</td><td>2个月</td></tr>
<tr><td rowspan="2">高年级</td><td rowspan="2">五年级</td><td rowspan="2">第一学期</td><td>考察探究+设计制作+劳动技术</td><td></td><td>设计我的博客</td><td>2个月</td><td rowspan="2">培养学生能根据生活提出精练的研究主题的能力，提高学生信息收集与处理、总结与交流和合作的能力，培养学生不仅要关注生活，还要用双手创造生活的思想情感</td></tr>
<tr><td>考察探究+设计制作+劳动技术</td><td>制作环保购物袋</td><td></td><td>2个月</td></tr>
</table>

续表

年级阶段	具体年级	活动时间	活动领域	活动主题		活动周期	活动目标
				教育部、省资源包	学校特色		
高年级	五年级	第二学期	考察探究＋劳动技术	美食文化		2 个月	培养学生能根据生活提出精练的研究主题的能力，提高学生信息收集与处理、总结与交流和合作的能力，培养学生不仅要关注生活，还要用双手创造生活的思想情感
			考察探究＋社区服务		东风渠的巨变	2 个月	
	六年级	第一学期	考察探究＋社区服务＋设计制作＋劳动技术		自主选择自主研究	4 个月	培养学生自主发现问题、自主解决问题的能力，提高学生信息收集与处理的能力、逻辑分析的能力，促进学生团结合作和不怕困难的精神，培养学生乐于研究、乐于创造、传承文化的思想情感
		第二学期	考察探究＋设计制作＋社区服务	二十四节气		4 个月	

【方法指导类实施目标】

方法指导类实施目标，见表 3-2。

表 3-2　方法指导类实施目标

活动阶段	活动内容	年级段	活动目标	资源参考
准备阶段	确定活动主题	低年级	学生能够各抒己见，大胆地提出问题	省资源包一年级上“生活中的汉字”
		中年级	培养学生提出问题并对问题进行筛选、确定的能力，学会简单地表述问题	省资源包三年级上“看看谁的问题多”
		高年级	培养学生提炼问题的能力，对活动主题能进行分解，对问题能明确地表述	省资源包五年级上“健康品饮毛尖茶”

续表

<table>
<tr><th>活动阶段</th><th colspan="2">活动内容</th><th>年级段</th><th>活动目标</th><th>资源参考</th></tr>
<tr><td rowspan="6">准备阶段</td><td colspan="2" rowspan="3">结合小组</td><td>低年级</td><td>基于一年级学生年龄特征和认知，结合小组以同桌和前后座位为主</td><td>—</td></tr>
<tr><td>中年级</td><td>根据结合小组的原则在较短时间里结合成功，并明确承担的调查任务，富有团体责任感</td><td>省资源包三年级上“奇妙的水果”</td></tr>
<tr><td>高年级</td><td>学生根据已形成的经验在较短的时间里用“招聘”的方式结合成小组，能协调、解决分组中出现的问题，并勇担重任</td><td>省资源包五年级上“牙齿健康笑容绽放”</td></tr>
<tr><td colspan="2" rowspan="3">制订活动计划</td><td>低年级</td><td>能够根据研究主题制订简单的活动计划，培养做事要有计划的意义</td><td>省资源包二年级上“玩黏土讲故事”</td></tr>
<tr><td>中年级</td><td>了解活动计划的意义和主要要素，学会填写并能简单制订易行的计划，培养学生做事要有计划的好习惯</td><td>省资源包三年级下“有计划地活动”</td></tr>
<tr><td>高年级</td><td>从三维目标思考活动目的，周密设计活动过程（设想每一次活动的内容、时间、地点、人员分工、活动准备），预估活动效果，修正活动计划，达到计划的可行性</td><td>省教材综合实践活动五年级下“谁不说俺家乡好”</td></tr>
<tr><td rowspan="5">研究阶段</td><td rowspan="5">常用方法</td><td rowspan="3">观察</td><td>低年级</td><td>引导学生观察生活中联系紧密的事物，培养学生初步的观察能力</td><td>省资源包二年级上“我和蔬菜交朋友”</td></tr>
<tr><td>中年级</td><td>了解观察的主要方法，掌握观察的要素，学会记录观察所得</td><td>省资源包三年级上“观物象测天气”</td></tr>
<tr><td>高年级</td><td>能对观察结果进行分析，提出自己的见解</td><td>省资源包六年级下“奇妙的指纹”</td></tr>
<tr><td rowspan="2">查阅资料</td><td>低年级</td><td>培养学生通过问一问、查看书籍、上网查资料（在家长协助下）等方式，获得信息</td><td>省资源包一年级上“纸的‘变身’”</td></tr>
<tr><td>中年级</td><td>了解查阅资料的各种途径，对资料进行筛选、汇总，总结出研究结论</td><td>省资源包四年级下“查找文献资料”</td></tr>
</table>

续表

活动阶段	活动内容		年级段	活动目标	资源参考
研究阶段	常用方法	查阅资料	高年级	能够对查阅到的资料进行筛选、整理、提炼，制作摘要卡片，提炼观点，写出结论	省资源包六年级上“找个岗位去体验”
		调查	中年级	初步了解为什么要调查，能设计修改比较简单的选择式调查问卷，并得出结果	省资源包四年级上“节电行动”
			高年级	能根据需要设计并修改不同形式的调查表，如选择式、回答式，并对调查结果进行分析，写出调查报告	省资源包五年级下“设计调查问卷”
		采访	低年级	培养学生通过简单的询问，了解一件事情	省资源包一年级上“我的学校”
			中年级	初步了解采访的内容，提出问题，模拟采访	省资源包四年级上“学会采访”
			高年级	根据需要编写、改进采访提纲，撰写采访记录，总结采访收获	省资源包五年级下“说不说俺家乡好”
		实验	低年级	能够通过简单的小实验，得到结果	省资源包一年级上“神奇的风”
			中年级	与观察法结合，进行观察实验与操作，撰写记录，写出感受	省资源包四年级下“制作串珠”
			高年级	尝试收集实验方法，进行实验准备，开展实验，总结实验收获	省资源包五年级上“发制绿豆芽”
交流阶段	展示形式		低年级	能够通过说一说、画一画、拍照片等形式，进行交流和展示	省资源包二年级上“巧手包饺子”
			中年级	展示研究所得，写出活动总结；采用讲解、手抄报、档案袋等形式进行展示	省资源包四年级上“我是非遗小传人”
			高年级	以辩论会的形式进行小组成果展示，也可采用多种形式相结合的方法展示个人成果，并以研究报告的方式进行呈现	省资源包六年级下“撰写自己的研究报告”

续表

活动阶段	活动内容	年级段	活动目标	资源参考
交流阶段	展示内容	低年级	能够将自己的活动收获通过说一说来呈现；将小成果以画一画、制作成一幅小作品等进行展示	省资源包一年级上“我的海底世界”
		中年级	以组为单位，展示出研究主题、研究过程、研究结论、活动感受及新问题	省资源包四年级下“生活与广告”
		高年级	小组成员能有重点地进行展示，对所需时间进行掌控	省资源包六年级上“跟着节气去探究”

【课程评价】

学校通过近 16 年的综合实践活动课程开发、实施、评价与管理，在不断的完善中，构建了诊断课程整体实施的具体评价要求（见表 3-3），进一步规范课程常态、教师实践、家校协同发展等，为高质量的课程发展打下扎实的基础。

表 3-3 学校对综合实践活动课程实施整体评价建构

评价类型	评价内容	具体标准
常规教学情况	活动规划	教师要对每一次的活动内容进行规划，包括活动主题名称、实施年级、主题分析、学情分析、活动目的、活动重难点、活动实施步骤（实施阶段、活动目的、活动时间、活动内容）、评价、实施注意事项
	活动预案	活动预案中有以下内容：活动的题目、课型、活动目标（知识与技能、方法与能力、情感态度价值观）、活动重难点、活动准备（教师、学生）、活动时间、活动流程（导入、活动指导过程、总结、后续活动、评价）、反思、附资料补充
	活动反思	对本节课的实施情况进行反思，包括成功之处、困惑点、需要改进的环节、班级之间的差异及解决的策略、自身努力的方向

续表

评价类型	评价内容	具体标准
常规教学情况	活动总结	学期结束要对活动实施情况进行总结：①活动实施的整体情况；②活动实施的经验；③活动实施中存在的问题（教师方面、学生共性问题、家长方面）；④努力的方向（教师方面、学生共性问题、家长方面）
	活动质量分析	质量分析：①活动实施的收获；②活动实施的经验；③活动实施中存在的问题（教师方面、每一个班级情况、家长方面）；④改进措施（教师方面、每一个班级方面、家长方面）
教研情况	教研情况	对每一次商讨、对每一次的教研情况进行详细的记录，有文字资料
	研讨课型情况	每学期，组里根据综合实践活动课程的特点确定课型，大家一起研讨、磨课，由一人执教，最后进行全校观摩。教研组整理出有关课型的档案袋，如执教教师的每次教案、上课的照片或录像、反思、组里教师撰写的案例及研讨的总结等
教师成果	活动案例	每一个活动主题结束后，教师要对整个活动进行梳理、总结与反思。一份有深度的活动案例包括：①活动案例名称；②学校实施背景；③活动目标；④活动重难点；⑤活动实施方案及计划；⑥具体的实施步骤（对每一个实施的环节及相关的内容进行详细的描述）；⑦收获与反思（教师、学生、家长）
	教师随笔	教师要及时对自己指导的活动情况进行总结、反思；对组里教师交流所得的感悟进行记录；对参与培训、听课等活动的感受进行及时总结
	教师论文	教师根据实施的情况、参与课题的情况或课型研讨所提炼的理论和方法，每学年写出一篇高质量的论文
学生成果	学生总结	三、四年级学生随着活动的开展，及时对活动进行书面总结
	学生研究报告	五、六年级学生在活动结束后，把研究成果撰写成研究报告
家校资料	家长问卷及分析	教师通过多种形式，如一封信、调查问卷等形式，与家长沟通的资料，进行整理和分析
	家长随笔	家长对本课程的实施看法、建议及参与活动的感悟，用以书面的形式保留

【基本课型实施流程】

综合实践活动课程常态化实施时，需要将活动落实于课堂中，学校经过教师探索和不断实践、完善，形成了七种最基本的课程流程，为教师课程的具体实施起到了借鉴和参考作用，提高了活动质量。

1. 活动主题确定课型

活动目标：

（1）根据教师的引子，能提出感兴趣的问题，并能对问题进行筛选、归类与提炼，从而确定研究主题。

（2）培养学生发现问题、归纳问题、准确表述问题的能力。

（3）在思维的碰撞中，激发学生积极思考、敢于表达自己想法的活动能力。

活动重、难点：

提炼研究主题。

活动流程：

（1）创设情景，确定活动主题。教师可通过多种形式，比如用实验、讲故事、实物等作为引子，激发学生兴趣，引导学生交流，提出相关问题，教师并随机板书。最后达到师生共同确定活动主题的目的。

（2）筛选归类，确定研究主题。在这一步，教师的引导方法有：首先，进行筛选，删掉没有研究价值的、目前没有条件实现的研究；其次，归类提炼问题，把同一类的问题归纳在一起，并对问题进行语言的精确陈述；最后，确定研究主题。

（3）学生进行记录，并对自己感兴趣的问题做记号。

（4）教师对本节活动课进行总结。

（5）后续活动：课下试着结合小组或对感兴趣的问题进行资料收集。

2. 结合小组活动课课型

活动目标：

（1）通过交流探讨，知道小组结合的原则。

（2）提高学生解决问题的能力。

（3）培养生生之间能够发现他人优点、接受他人缺点的处事态度。

活动重、难点：

根据要求结合成小组。

活动流程：

（1）直接导入。

（2）交流探讨，得出小组结合的原则。

小组结合的原则如下：

①男女生搭配；

②男女生人数比较平均；

③能力较强的和能力较弱的相结合；

④根据感兴趣的问题或好伙伴的关系相结合；

⑤人数控制在 8~10 人，随着年级的增高相对减少。

（3）学生结合小组，确定小组研究的主题。在这一环节，教师要先进行巡视进行了解，不能只是观望。特别要了解每一组在结合时是否做到了“能力较强的和能力较弱的相结合”，防止出现组与组能力相差太大的情况。

（4）解决遗留问题。教师要针对没有结合成功的小组和人员，发现问题所在，引导学生想办法解决。教师可进行均衡分配，但前提条件是尊重学生的意愿。

（5）各组汇报研究的主题及活动人员。

（6）教师根据本节活动课情况进行总结。

（7）后续活动。

（8）写一篇结合小组的感受。

3. 制订活动方案课课型

活动目标：

（1）通过交流探讨，了解活动方案的要素，掌握填写的方法。

（2）提高学生自主规划、敢于发表见解、大胆展示的能力。

（3）体验合作学习的乐趣，培养学生的责任感，在交流活动中达到互相分享、互相促进。

活动重、难点：

如何制订一份具体可行的活动方案。

活动准备：

教师：课件。

学生：资源包、文具（有一支红色的笔）。

活动流程：

（1）回顾前期内容，确定本节课内容。

（2）交流活动方案要素，明晰探讨要素难点。教师需要结合案例，引导学生解决以下重点疑惑：活动目标、研究步骤、预期成果及展示形式。

（3）小组制订活动方案。教师要先对小组方案中存在的优点进行肯定，对出现的个别问题进行指导。

（4）展示、交流、评价。引导其他组的学生有目的地进行倾听、观看，提出修改的建议；展示的小组可以为大家介绍制订活动方案的经验或应该注意的事项。

（5）修改交流评价。

（6）反馈。通过这节课的学习，你有什么收获呢？

（7）总结。

4. 方法指导课课型

活动目标：

（1）通过交流探讨，掌握活动的方法并能运用到活动中。

（2）培养学生解决问题的能力。

（3）在交流中，互相促进与反思。

活动重、难点：

把掌握的方法合理、科学地运用到研究活动中，指导自己的活动。

活动流程：

（1）问题导入。先回顾前一段活动的情况，再引出学生在活动中急需的研究方法：采访、调查、制订活动方案、设计汇报方案、撰写研究报告等；总结出现的共性问题，如需要统计、需要制订小组活动计划等，从而确定本节方法指导课的内容。

（2）交流探讨，得出解决方法。针对问题，教师引导学生进行充分交流，总结出解决方法。在这一步，教师尤其要注意自己角色的定位是一名引导者，而不是灌输者。

（3）根据方法，对活动进行策划。

（4）小组展示活动成果、交流评价。

（5）教师根据本节活动课情况进行总结。

（6）后续活动：小组按本节课内容进行活动实施。

5. 中期交流课课型

活动目标：

（1）在交流探讨中，使学生知道对小组的活动应该从多方面进行总结。

（2）培养学生对活动进行总结的能力和发现问题、解决问题的能力。

（3）在交流中做到经验共享、互相促进与反思。

活动重、难点：

对小组的活动进行总结与反思。

活动流程：

（1）回顾前期，提出问题，确定活动内容。

（2）组组交流相互促进，教师进行奖励。小组代表对活动进行总结时，教师要引导学生从活动的主题、活动的过程及活动的分工和每个人的活动现状进行总结。还要注意对学生活动中的闪光点进行引导，让学生详细讲解，做到经验分享。引导学生对每一组进行及时的评价，教师要根据情况进行奖励。

（3）交流问题，解决问题。学生交流在活动中出现的问题，各抒己见，进行智慧的交流，寻找解决的策略，并对下一步的活动计划进行完善。

（4）小组修改、完善下一步活动计划。

（5）教师根据本节活动课情况进行总结。

（6）后续活动：各小组按调整过的计划开展活动，获得更为丰富翔实的资料。

6. 汇报展示课课型

活动目标：

（1）从多个方面对小组的研究成果进行汇报展示。

（2）培养学生的语言表达能力、总结能力和合作精神。

（3）在交流中得到共享的经验和升华的情感。

活动重、难点：

通过小组间的交流展示，达到互相促进与反思的效果。

活动流程：

（1）直接导入。教师对本学期前一段时间开展的研究活动进行全面的总结，激发学生汇报、展示的欲望，随后出示课题。

（2）小组展示交流。各个小组依次展示，教师给予评价。在小组展示过程中，教师要有敏锐的眼光，从学生汇报的内容中及时发现学生活动中的闪光点，并引导学生进行经验的交流和反思。

（3）评奖。根据每个组的展示，由学生做主，评出最佳表现奖、团结小队奖、智慧小队奖等。

（4）教师根据本节活动课情况进行总结。

（5）后续活动：每位学生对档案袋进行整理，为撰写活动总结或研究报告做准备。

7. 评价课课型

活动目标：

（1）通过交流探讨，使学生知道从哪些方面对活动资料进行评价；掌握评价的技能，形成正确的评价观。

（2）提高学生发现问题、归纳问题和解决问题的能力。

（3）培养学生合作精神和自主反思的好习惯。

活动重、难点：

如何进行评价，确定评价的标准。

活动准备：

教师：准备评价表。

学生：准备档案袋。

活动流程：

（1）借助载体，引发问题，确定内容。

（2）个别展示，探讨归纳评价要素。

（3）探讨交流确定评价标准。教师要引导学生在确定评价等级时，根据大家的能力水平，确定不同级别的评价。这样得出的评价标准才能适合每一位学生的发展。

（4）教师引导体验评价的方法。

（5）分组评价、展示。

（6）总结。

（7）后续活动：请家长对作品进行评价。

【课程实施注意事项】

综合实践活动课程不同于其他学科，它具有自己的独特性，在实施过程中要注意以下几个方面：

（1）学校必须建立综合实践活动课程实施管理制度及评价标准，以促进本课程的开发与实施过程的科学性、系统化和高效化。

（2）学校注重对教师的指导与培养，多与实施教师进行沟通，引领他们专业化成长。

（3）教师在实施过程中要注意以下几点，以确保课程实施的科学有效性：

①注重个体差异，允许优弱差距，但要给每一位学生机会和信心。

②给学生自主探究的空间，体现教师的指导作用。

③由于活动比较多，教师一定要多发现值得赞赏的学生，给他们赞扬和肯定，带动更多的学生自主、积极地参与到活动中。

④关注了解学生的每一个阶段的活动，及时给学生一个客观、公正的评价，促进学生的反思，激发学生参与的欲望和积极性。

⑤由于综合实践活动课程的特殊性，教师要注重培养学生的评价意识，提高学生的评价能力，完善自己的人格。

⑥注重生成性问题，能对其做出判断，根据需要调整自己的实施方案。

⑦注重学生有形成果的形成，如课程故事、小论文、研究报告等，培养学生整理资料的能力，体会成功的喜悦。

⑧教师在课程实施的过程中，要对教参进行参考，可以根据情况调整活动内容或环节；平时要勤总结、勤反思、多动手、多动脑，留下自己与课程共同成长的资料。

⑨教师要通过多种形式，如每学期给家长的一封信、调查问卷、校信通等与家长进行及时沟通，促进家长对这门学科的关注，提高家长对这门学科的了解及参与度。

郑州市金水区倡导学校基于综合实践活动课程的特性，以项目学习为实施方式，开展活动主题，实现了课程开发与实践的融合，提高了学生跨学科学习的综合能力，促进了学生综合素养的发展，激发学生对国家文化的自信心和自豪感，实现了考察探究、职业体验、社区服务、设计制作、党团队活动、研学活动等方式融合性地开发与实践。

第二节　活动案例

综合实践活动课程是一门包容性很强的课程，也是一种新课程改革和新时代发展的学习形态。从学习方式上讲，它更能体现以学生为主体的学习过程，注重主题探究、小主题研究等，以问题解决、汇报展示、总结反思为活动经历，实现课程育人、实践育人、合作育人、活动育人、评价育人的独特价值。从活动方式上讲，它更加突出课程改革提出的合作探究、实践体验，在真实情景中解决问题，注重发现式学习、沉浸式学习、合作学习、探究学习等，从注重知识转向能力、从注重结果转向过程、从重分数转向育人等。

从学校品牌课程的建设讲，更容易结合资源开发课程，实现课程特色化、学校课程品牌化。郑州市金水区的学校形成了不少具有代表性的课程案例。

一、考察探究

跟着节气去探究

【活动背景】

二十四节气是中国独创的历法，是我国劳动人民智慧的结晶，是我国古代科学文化的辉煌成就之一。郑州市金水区文化路第一小学以二十四节气为切入点，根据四年级学生的实际情况进行自主设计，把“跟着节气去探究”作为四年级的综合实践活动课的主题，使学生通过亲历观察与节气有关的生活习惯、自然环境，提高发现问题、解决问题的能力，增强合作探究意识。

【课程目标】

（1）通过自主探究了解节气的相关知识，培养学生的探究意识。

（2）通过亲历观察与节气有关的生活习惯、自然环境，提高发现问题、解决问题的能力，增强学生的合作探究意识。

（3）通过活动，初步树立严谨求实、一丝不苟的科学态度，激发学生对二十四节气（非物质文化遗产）的热爱，传承我国优秀传统文化。

【实践与探究】

1. 涉及学科知识

“跟着节气去探究”涉及的学科知识如图 3-1 所示。

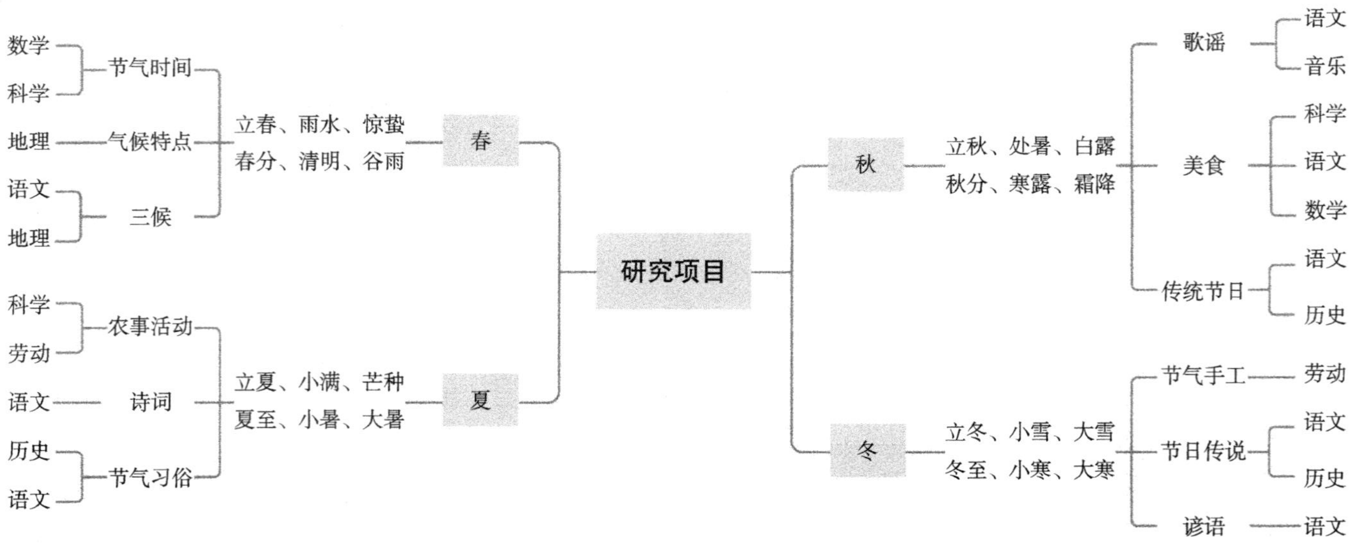

图 3-1 “跟着节气去探究”涉及的学科知识

2. 重点活动环节陈述

（1）麦香小组。围绕即将经历的节气，提出自己想研究的问题，确定围绕“小麦的一生”这一主题研究小麦所经历节气的变化。主要通过动手实践的方式，研究小麦在不同节气的生长过程。由于条件有限，虽然只种植出来了小麦芽，但小组成员通过不懈的努力重新调整研究计划，将自己动手实践研究调整为采访和上网收集资料，最终得出研究结论，并把结论用手抄报的方式表现出来。小组成员通过反思不断改进活动计划，培养自己不断深入探究的好习惯。

（2）传统习俗小组。从最感兴趣的方面入手，对活动主题逐步细化，体验节气中传统习俗的乐趣。例如，春分“竖鸡蛋”的传统习俗，通过合理分工，了解春分传统习俗的由来、通过采访家人和上网收集资料的方式了解“竖鸡蛋”的小妙招、小组成员之间“PK”竖鸡蛋的速度及鸡蛋涂鸦等。研究过程中学生也产生了疑问，例如“只有春分这一天才能竖起来鸡蛋吗？”通过小组讨论及跟踪实验，最终得出小组的研究结论，同时也更加了解了传统习俗与节气之间的紧密联系。

（3）清明芒种小组。小组通过四人合作，筛选、确定有研究价值的问题——清明和芒种；随后通过归类、合并，确定具有可行性的子主题。清明的来历和芒种农事活动的研究结论，主要是通过网络收集资料和实地考察的方式获取。在研究的过程中，小组成员学会了与他人交往，并提高了解决问题的能力，增强了合作探究意识。

（4）双雪小组。主要研究小雪和大雪，小组成员通过查阅资料，研究节气的由来，学会根据组内同学的特点进行合理分工，建立良好的团队文化。尤其是小组美术指导员统一组内资料设计样式，能够运用学到的美术知识，设计出创意独特的综合实践活动封面、小组简介、研究计划和研究成果等。在研究过程中，提高了学生动手制作的能力。

【课程深化】

根据活动主题，设计评价量规，让评价前置；指导学生知道做什么，怎么做，想达到什么潜能，怎么达成标准；明确活动参与内容的同时激发学生的潜能，让评价有价值，及时引领学生总结与反思。“跟着节气去探究”评价量规见表 3-4。

表 3-4 “跟着节气去探究”评价量规

项目	等级		
	高级	中级	初级
节气小分队	小组成员掌握并归纳出小组简介所具备的基本要素和设计要求。根据“跟着节气去探究”的特征和组员特长积极进行合理分工。设计并制作出主题突出、创意独特的小组简介	能够掌握小组简介的基本要素，并进行小组成员分工，可以按照要求设计出内容翔实、排版合理的小组简介	能够在小组成员的建议下进行任务分工，在同学的帮助下完成小组简介的设计
精制研究计划	能够从活动开展的实际情况出发，整体考虑、统筹制订活动计划。打开思路，关注不同的节气，提出明确的活动目标。了解研究过程的不同阶段，规划主要的研究步骤及分工	小组成员能够共享研究节气的经验，设计出目标明确、内容完整、分工具体、活动步骤有序的活动计划	能够积极参与小组活动计划的讨论，充分思考、采纳同学的意见和建议，能够按照小组活动计划开展活动
汇报展示交流	能够根据节气的活动结果设计出构思巧妙的展示方案；活动主题鲜明，创意独特，表达形式新颖，充分发挥想象力	能够根据活动过程设计出合理的展示方案；活动主题或表达形式充分表现了小组集体的成果，作品中有令人眼前一亮的创新点	能够在汇报展示的准备过程中或展示时提供自己的活动成果，展示内容具体、结论准确

【课程升华】

1. 以“项目式学习”的方式为引领，变革学生学习方式

一个项目的学习从问题或挑战开始，以陈述和反思结束，是学生真实学习、体验内容和技能的过程。“跟着节气去探究”项目以驱动性问题为研究起点，围绕即将经历的节气，提出有价值的研究问题。学生通过招募项目团队，根据组员特长进行分工合作，为今后的具体分工打下扎实的基础。通过小组交流和反思不断改进项目方案，得出研究结论。使每位学生自主学习的投入度大大提升，变革学生学习方式，这样不仅能更大限度地调动学生积极参与互动，更能营造沉浸式、立体化的课堂氛围，提高综合实践课堂教学效率。

2. 注重学生参与，提高实践能力

综合实践课堂注重学生学习方式的自主性、实践性和综合性，同时也注重学生参与过程的开放性和互动性。在“跟着节气去探究”项目研究中，充分尊重学生的主体地位，在充分调动学生积极性的同时，将问题研究巧妙融合其中。使学生有研究的实践，在实践的基础上继续探究。这样的活动学生更喜爱，行动起来也会更为投入。

3. 打破学科界限，促进跨学科融合

研究问题选择学生最熟悉、最感兴趣的方面，学生围绕其产生了很多有研究价值的问题。例如，节气的时间、气候特点、农事活动、节气习俗等，学生研究的兴趣浓厚。其中涉及天文、地理、农事、民俗、文学、美学等多学科知识。例如，研究“春分在不同地区会开展哪些农事活动？”这就需要学生对不同地区的气候及地理环境有充分的了解，同时绘画也贯穿了学生研究的整个过程，精湛的绘画水平能够为学生的资料生产锦上添花。学生在对自己感兴趣的问题研究时，会积极主动地将各学科的知识融合应用，这样提高了学生主动解决问题的能力和综合素养。

（金水区文化路第一小学　樊怡丽　熊继娟）

家乡特产

【活动背景】

郑州市金水区文化路第一小翰林校区从 2016 年起，持续开展成系列的综合实践活动，旨在促进学生学习方式的深度变革，引导学生关注社会、经济、科技和生活，培育学生的核心素养、创新精神、实践能力和学科素养。以“家乡特产”为主题的综合实践活动便是其中之一。

“家乡特产”主题活动的开展，目的在于通过指导学生主动探究，全方位了解自己的家乡，并能自主选择引以为傲的家乡产品进行推介，为其代言。这促使学生更为深入地了解自己的家乡，激发学生热爱家乡、热爱祖国的情感。在教师的引导下，结合学校、家庭生活中遇到的现象，发现并提出自己感兴趣的问题。随后将问题转化为研究小课题，体验课题研究的过程与方法，提出自己的想法，形成对问题的初步解释。

【课程目标】

（1）通过小组合作的方式进行计划制订和问题研究，学会收集、整理资料，培养合作意识和习惯。

（2）通过“我是家乡产品代言人”的比赛活动，在锻炼语言表达能力的同时，进一步激发对家乡的喜爱之情，激发热爱家乡、热爱祖国的情感。

（3）从工业、农业、科技等方面全方位了解自己的家乡，选择最喜爱的家乡产品，了解其价值，为其推介和代言，感受家乡人民的非凡智慧。

【实践与探究】

1. 涉及学科知识

“家乡特产”涉及的学科知识如图 3-2 所示。

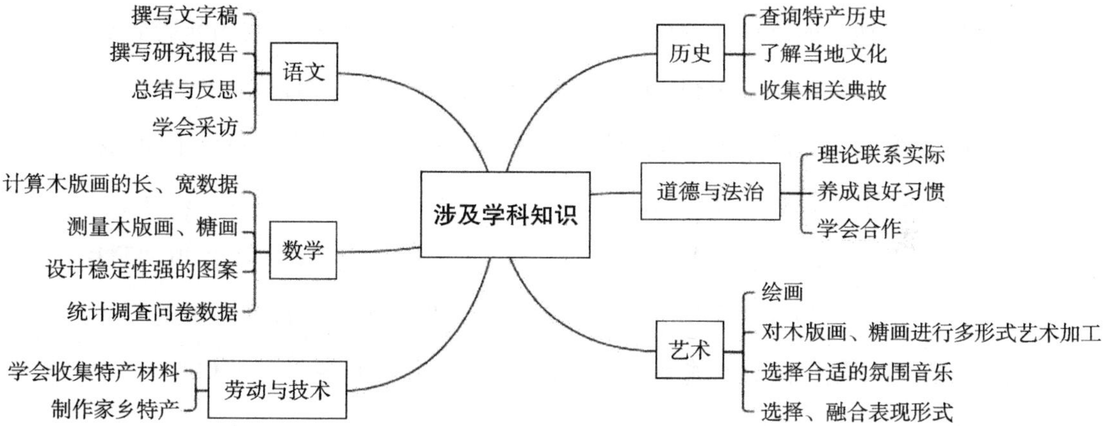

图 3-2 “家乡特产”涉及的学科知识

2. 重点活动环节陈述

（1）了解家乡特产。教师先引导学生分享目前自己对家乡特产的了解，这些情况有书上看到的、身边人讲到的及生活中接触到的等。在此过程中不少同学发现，其实自己对家乡特产，乃至自己的家乡并不了解，这就激发了同学们的探究欲和好奇心。教师引导各组同学迅速分工，开始上网查询、采访、做问卷调查……极大地锻炼了同学们的信息收集和整理能力。

（2）实地考察。在初步掌握家乡特产的基本信息后，同学们开始进行实地考察，教师指导学生在此过程中灵活运用与人沟通的技巧。在胡辣汤店进行实地考察时，学生沟通话术合适，肢体语言恰当。在采访糖画老师傅和木版画老师时，会根据实际情况提出问题，表现落落大方。在考察结束后及时总结，形成考察报告，真正实现了书本知识向实际能力的转化。

（3）推广策划。对于十二三岁的学生来说，推广策划难度不小。但组员们毫无畏难情绪，在教师的指导下，糖画小组成员在校级社团举办了“国风糖画 PK 赛”，在校内进行了大范围的推广宣传，提升了同学们的动手能力和语言组织能力。木版画小组成员在家长的帮助下，在社区举办了“我是社区手艺人”活动，通过现场的展示和讲解，把木版画宣传给身边的邻居朋友，提高了绘画水平、口语交际能力、问题解决能力和团队荣誉感。

（4）争做家乡特产代言人。研究胡辣汤的两个学习小组把各种不同配料的胡辣汤图案绘制在广告衫上，通过两个舞台剧进行视、听代言，锻炼了学生舞台表现力，体验了合作的快乐。糖画和木版画小组把相关手抄报和照片整理成册，组员和教师合作变身现场讲解员，举办了多场校园小小巡展会，提高了组员交流、沟通的能力。教师通过指导学生争做家乡特产代言人，进一步激发了学生热爱家乡的情感。

（5）汇报交流。各小组通过照片、手抄报展示、视频讲解、相声演绎等方式分享了本组的研究过程和实践结果。教师指导学生将本学期小组活动收获、体验等有条理地介绍清楚，提高了团队合作和问题解决能力。

【课程深化】

结合活动主题特色、活动目标，聚焦学生的探究活动，从项目设计、小组合作、特产推荐、成果汇报，制订活动评价量规（见表 3-5），体现学生知识与能力、情感态度价值观等核心素养，引导学生怎么做、应该做得怎么样，进行深刻的总结和反思，促进学生成长。

表 3-5 “家乡特产”评价量规

项目	等级		
	优秀	良好	合格
项目设计	能根据“家乡特产的调查与推介”大主题，依据小组子课题合理分工制订活动方案。活动方案内容周全、步骤明晰、分工合理。并能在活动进行过程中动态优化，不断升级，贯彻指导整个活动实施	能根据小组子课题商讨制订相对合理的活动方案并能在实施过程中适当优化	能在同学或教师的帮助下完成小组方案设计
小组合作	小组合理分工促进“家乡特产的调查与推介”活动实施，并能在实施过程中优化协作，提高效率。能小组商讨并解决遇到的困难及分享成功的经验来共同推动项目实施。会记录、能总结，通力合作推动项目高效实施	能根据进度完成小组项目实施内容，能通过适当的小组合作来促进项目实施	能在他人的建议或帮助下跟上项目实施进度，小组内部会分工、能合作
特产推荐	能紧扣整体项目过程，组内商讨推广渠道、推广人员和具体细节，并尽量多形式高效率达成推广效果。做家乡特产的代言人，真正将家乡特产推而广之，引起共情、引发共鸣	能就家乡特产的具体内容依靠合适的方式、方法力所能及地推广	能在他人的建议或帮助下完成项目成果的展示与推广
成果汇报	能商讨制订合理的成果汇报计划，分工合理，形式新颖。能充分展示本组实践的过程性内容和相关成果	能就本组实践探究内容确定成果汇报方案并有序实施	能在同学或教师帮助下制订汇报方案并完成汇报

【课程升华】

1. 走出教室，走向社会

对于家乡特产的调查与推介绝不是教室内的纸上谈兵和高谈阔论，它一定是真实发生的，真实尝试的，真实体会的，虽然小学生各方面的能力水平有限，但依然可以力所能及地把家乡特产用自己的方式推介给合适的对象。

研究胡辣汤的实践小组把胡辣汤改良意见邮寄给了郑州方中山胡辣汤总店。希望胡辣汤有更多的受众群体，尤其是外地人。糖画小组和周边广场的糖画手艺人共同商议推出不同味道、不同功效的新品，如不伤齿糖画、止咳润肺糖画和汪汪队系列糖画，并免费教顾客制作简易糖画，真正做到了家乡特产的生活化推广。研究木版画的两个小组，通过申请学校公众号把这一传统艺术推介给更多人，让更多人了解这一艺术并向感兴趣的人推荐免费学习通道，真正实现非遗传承。

2. 活动丰富，提升能力

活动多元有趣，使学生更加热爱家乡。家乡特产不再是生硬的课本知识，而变成了丰富多彩的劳动成果。家乡特产调查与推介的六个活动小组进行了丰富多彩的社会实践活动，如红领巾广播站我当家、我是校级社团“大师傅”、国风糖画PK赛、我是社区手艺人等，化身小小代言人真正站出来为家乡特产代言，做家乡特产的小小推广大使，使宣传推广变得立体高效，引起共情、引发共鸣。

3. 学科融合，拓展深度

综合实践活动的实施需要多学科融合，使主题活动更加丰富。学生在制作宣传海报时，运用美术的色彩搭配，使海报更加吸睛；学生开展市场调研，记录数据并进行统计时，运用了数学的思维逻辑能力；道德与法治影响着学生的情感，使他们懂得如何包容、团结小组成员；活动还涉及语文、信息技术及音乐学科，多学科的融合使得活动更有层次和深度。

4. 多元评价，注重渗透

关注学生在活动中的知识与能力、过程与方法、情感态度与价值观，发挥评价对教与学的导向作用，实现“教—学—评”的统一。面对全体学生，让每个学生在活动中有所收获，幸福成长。各活动小组在教师的带领下共同设计评价表，对本组成员课堂活动的情况及时评价。课代表协助教师做好对各组同学集体活动情况的评价，并及时记录、做好反馈。从评价办法的制订、评价表格的设计到具体评价的过程，让学生都主动参与其中，实现多维渗透、全面发展。

（金水区文化路第一小学　冯淑英　邢青云　徐鲁一）

中医文化课程

【活动背景】

郑州市金水区纬五路第一小学通过开设一系列具有鲜明个性的课程，使课程与学生的生活有了密切的联系，从而实现了师生的幸福成长。学校最有代表性的综合实践课程之一就是“知未中医文化”。

中医文化是独一无二的。纬五路第一小学非常重视对传统文化的研究，于是开展了“知未中医文化”课程。“知未中医文化”课程通过向学生渗透“治未病”文化，普及中医文化知识及劳动方法，培养学生在活动过程中发现问题、解决问题的能力，丰富学生的健康知识，改善学生的生活习惯和行为，激发学生对中国文化的热爱，感悟中医文化的精髓。

【课程目标】

（1）通过向学生渗透“治未病”文化，普及中医文化知识及劳动方法，培养学生在此过程中发现问题、解决问题的能力，并给学生讲解健康知识，改善学生的生活习惯和行为。

（2）通过小组合作的学习方式，培养学生的合作能力。

（3）通过中医知识的学习，能够用所学的知识来调节自己的身体状况，让自己的身体保持在一个健康的状态，并明白中医是怎么治病的。

（4）通过一系列中医文化活动，使学生的中医课堂回归本真，使历史悠久的中医文化得到传承。激发学生对中国传统中医文化的热爱，感受中医药文化的价值。

【实践与探究】

1. 涉及学科知识

“中医文化课程”涉及的学科知识如图 3-3 所示。

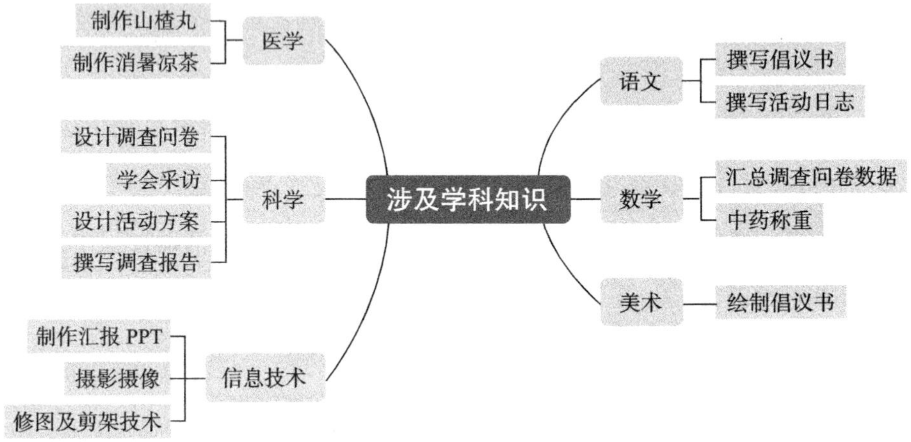

图 3-3 “中医文化课程”涉及的学科知识

2. 重点活动环节陈述

活动研究是多元化的，学生分小组制订活动计划。学生利用课余时间，有的小组制作调查问卷，有的分析问卷结果，有的走访中医馆实地考察。通过每次活动，小组成员不仅了解了多味中药、感受了中药文化的魅力，而且对中药文化启蒙教育是一次洗礼，具有非常重要的意义。

（1）开展问卷调查。依据研究内容，设置 10 项调研内容，调查小学生及其家庭对中药及文化的认知情况。

（2）调查问卷与汇总分析。小组成员通过问卷调查法，针对小学生在中药材认知、中药疗法认同及中药文化传承三个方面的作答情况展开了统计分析，提出了“中药材认知度不高、中药疗法认同趋于减弱、中药文化氛围缺失”等问题，小组成员进行研讨，给出相关结论。

（3）探访中医学院儿科专家。小组成员前往河南中医药大学第一附属医院，探访儿科中医专家陈教授。陈教授给小组成员讲解了中医在儿童保健方面的常识，让小组成员了解如何护理身体，解答了小组成员提出的中药问题。最后，陈教授给小组成员写了一个增强身体免疫的中药良方，让大家受益匪浅。

（4）走进中药基地。小组成员分小组远赴河南禹州青山药业，见到了国宝级中药药王朱青山，在其讲解下参观了中药博物馆，见到了许多中药，聆听了中药的故事与传说，深切体会到中药的博大精深。随后，小组成员前去迷迭香中药种植基地进行实地作业，小组成员了解了迷迭香的功能，比如制作精油、泡茶等，感受到一棵草的神奇，加深了对中药精髓的认识。

（5）走访乐氏同仁堂。小组成员参观青山药业后，又走访了中药老字号——乐氏同仁堂，了解了同仁堂300多年供奉御药的历史，知晓了中药“炮制虽繁必不敢省人工，品味虽贵必不敢减物力”的制药理念，领略了同仁堂“独特配方”的神奇，开阔了眼界，真正领略了中药文化的底蕴。小组成员还亲身体验了“山楂丸”的制作，近距离体会中药带来的神奇。

（6）制作中医药产品。为了更深入地探寻中药魅力，小组成员在教师、家长的指导下，自拟了独特配方，亲自抓药、熬制，制作了六款可口的“凉茶”。在教师的组织下，举办了凉茶品尝交流会，最后大家商讨出了一种好喝、好看、还消暑的凉茶配方，经中医专家指导后命名为“溜宝”凉茶，寓意六个小伙伴、六种中药材、味道酸溜溜、甜溜溜。

（7）走进社区。小组成员在小区、街道开展倡议宣传。小组成员制作了《中药养生、健康人生》倡议书，在各自活动区域进行了分发宣传活动，目的是让市民认知中药文化。本次宣传得到了大家的肯定，活动小组获得了“中药文化传播小先锋”的称号，此次活动非常有意义。

（8）成果推广。

①电台直播。小组成员参加河南人民广播电台 97.6 节目录制，主题为“我和中药有个约会”，采用中药知识普及、中药知识竞答等方式将实践成果通过无线电波传播至千家万户。

②会议交流活动。小组成员参加 2017 年秋第六届中小学教育国际会议，将“我和中药有个约会”的实践成果编排成“话剧”，在国际会议上进行了表演，受到了国际友人的赞许。

③新闻报道。“我和中药有个约会”实践成果，被《河南商报》《时代青年》《天天快报》等新闻媒体进行了报道，进一步对中药文化进行了宣传。

④郑州市劳动教育嘉年华。这次活动成果参加了郑州市劳动教育嘉年华，其中自制的酸梅汤、山楂糕、凉茶等，展销收入一千多元。

【课程深化】

结合活动主题特色、活动目标，聚焦学生的探究活动，从项目设计、调查访问、实践操作、展示推广、制订活动评价量规（见表 3-6），体现学生知识与能力、情感态度、价值观等核心素养，引导学生怎么做、应该做得怎么样，进行总结和反思，促进学生成长。

表 3-6 “中医文化课程”评价量规

项目	等级		
	优秀	良好	合格
项目设计	能够根据活动主题，在教师的带领下开展整个活动方案的制订；会自主设计“走进中药房”小活动方案；活动方案设计周全、时间分配合适、分工合理，有一定的策划能力和组织能力，在活动中处于核心主导地位	能够和同学合作设计小组活动方案；在“走进中药房”小活动中自主参与大部分活动	能够在同学的帮助下完成项目设计，能在项目中尊重同学建议；合作完成属于自己的任务

续表

项目	等级		
	优秀	良好	合格
调查访问	能够设计“中医认同度”调查问卷；可以通过街头随机访问、指定人群访问等方法获得合理的、真实的调查结果；能对调查结果进行有针对性的分析与思考，提出解决策略	可以设计简单的调查问卷；与同学协作，运用合理的方法得到调查结果；能对结果提出自己的见解和疑问	能与同学合作完成问卷调查；可以整理问卷和结果，将调查结果有次序、有重点地呈现出来
实践操作	可以认真观察中药的制作方法，并能够根据调查所获取的中药的特性和中医治疗方法，做力所能及的事情，如中药切片、制作山楂丸、熬制汤茶、舌诊、推拿按摩等	能够根据观察到的制作方法进行简单的操作，如熬制汤茶等；学会与生活息息相关的推拿方法	能在同学的帮助下，完成制作，在制作过程中遵守制作程序，发挥个人特长
展示推广	可以根据活动结果与收获设计合理的展示方案，以“我和中药有个约会”为中心设计主题展示活动，能把个人的收获进行应用推广，制作中药凉茶，发出传承倡议，成效显著	可以根据活动过程，与同学合作完成展示，在推广活动中发挥个人不可代替的作用，具有个人的思想与主张	可以和同学完成成果展示与推广，有自己的想法

【课程升华】

1. 走出教室，走向社会实践

对于传统文化的学习，绝不能限定于学校，应通过多样化实践，提高学生的传统文化素养。比如带领学生到中药培育基地，走近中药种植、生产，这样可以了解中药材、知晓其功效；走进大山，搜寻中药材，提高中药材辨识能力，切身感受大自然与人和谐统一的中药理念；走进老字号，了解“九蒸九晒”的中药制作工序，了解老字号独特的中药配方，增加大家对中药探究的动力，使学生们能够积极主动投入中药文化传承中。

2. 开展跨学科学习

在中医药文化课程的实施过程中，联合语文、科学、美术等相关学科，“线上＋线下”“校内＋校外”，多场域融合实施，发展学生跨学科学习的综合能力和素养，开展语文学科的“中医名家故事”“中医药发展历程”；科学学科的“中药种植和节气”“中药搭配知多少”；美术学科的“中药扇面画”“中药图谱”；体育学科的“少儿八段锦”“孩子必会的五行健康操”等；音乐学科开展“唱给孩子的中医汤头歌”等。将中医药文化的丰富多样性通过各个学科的实践活动展现并传递给学生，让知识更有价值，实践更有价值。

3. 注重评价，让课程渗透到各个学科

课程评价从以下四个方面进行量规。在项目设计方面，能够根据活动主题，在教师的带领下开展整个活动方案的制订。可以自主设计“走进中药房”小活动方案。活动方案设计周全、时间分配合适、分工合理，有一定的策划能力和组织能力，在活动中处于核心主导地位。在调查访问中能够设计“中医认同度”调查问卷，会通过街头随机访问、指定人群访问等方法获得合理的、真实的调查结果，能对调查结果进行有针对性的分析与思考，提出解决策略。在实践操作中，会认真观察中药的炮制方法，并能够根据调查所获取的中药的特性和中医治疗方法，做力所能及的事情，如中药切片、制作山楂丸、熬制汤茶、舌诊、推拿按摩等。在展示推广方面，会根据活动结果与收获设计合理的展示方案，以“我和中药有个约会”为中心设计主题展示活动，能把个人的收获进行应用推广，制作中药凉茶，发出传承倡议，成效显著。

（金水区纬五路第一小学 张力伟　辛泊宣　韩　莹）

二、职业体验

发现商业的秘密

【活动背景】

郑州市金水区艺术小学一直秉持“初之所予、艺美人生”的办学理念，坚持以课程为统领，在促进学生全面发展的过程中培育特色、铸造品牌。金水区艺术小学自2002年开设综合实践活动课程以来，研发了校本课程“发现商业的秘密”“奇思妙想创意服装秀”“探秘东篱园”，并在一至六年级教学中常态化开展“纸杯变变变”“缝制沙包”“建筑模型”“认识二十四节气”“神奇的绳结”等综合实践活动课程。培养了学生发现问题、解决问题、探究学习及动手实操的能力，引导学生把所学运用到生活中。

2017年10月，金水区艺术小学组织筹办了第一届“发现商业的秘密”主题活动，至今已经开展了五届。此活动是以普通的跳蚤市场旧物交易活动为出发点，通过整合设计成“发现商业的秘密”活动。通过实景模拟，让学生通过自己的创业体验，感受商业售卖的乐趣，从中了解到影响商业运行的因素，并且从活动中培养学生的财商，明白合理消费的意义，养成合理消费的良好习惯，同时也整体提升了学生计算、口语交际、设计绘画及合作的综合能力。

【课程目标】

（1）认识商业的秘密。活动开展所需要的准备工作（如学习如何优化团队合作、《置业计划书》中需要的设计内容、宣传海报如何配色排版、市场调研如何开展等），在活动中知道买卖规则，遵守商业道德。

（2）通过跨学科学习，融合多学科知识。在本活动开展中进行市场调研、售卖货品的过程可以锻炼学生的语言交际能力，这是语文学科的体现；学生记账估算成本、统计调研数据，这是数学学科的体现；设计绘制海报需要运用到美术的色彩搭配；宣传页的设计需要运用信息技术的计算机排版知识等。课程的融合运用对教师、学生、教学本身都提出了更高的综合性要求，能更好地培养学生学习观念和综合实践能力，使学生核心素养得到提升，各学科的知识也得到了延伸、拓展和深化。

（3）学会在校内针对此活动面向不同人群进行“市场”调研，以此来判定自己商铺售卖物品的价格区间、商品种类，从而培养学生的专业调研能力。

（4）在模拟市场的过程中体验生活，并懂得勤俭节约，培养正确的学习观和价值观。

【实践与探究】

1. 涉及学科知识

“发现商业的秘密”涉及的学科知识如图 3-4 所示。

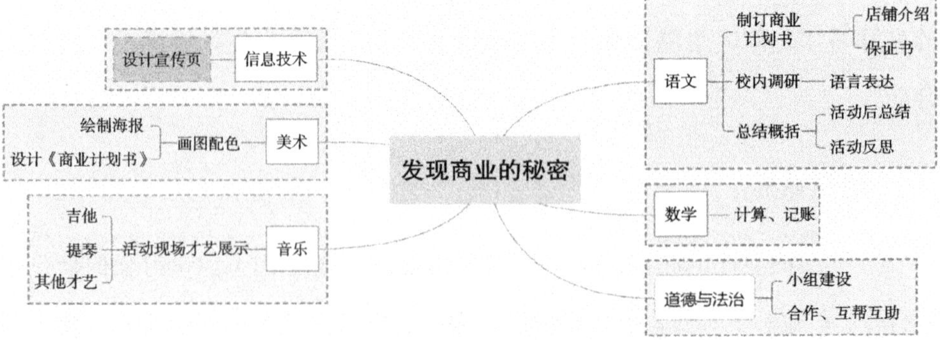

图 3-4 “发现商业的秘密”涉及的学科知识

2. 重点活动环节陈述

（1）校内调研活动。

研究小组在校内做市场调研，向学校一至四年级学生及校内教师进行调研，调研过程中所需要的问题提前由各组在各自的调研表中显现出来，通过市场调研可以让学生懂得“调研活动”可以有利于掌握市场动态，为店铺宣传“助阵”，获取创新的想法，聆听“顾客”心声，更好地为接下来的活动开展做铺垫。

（2）货品及摊位准备。

在前期工作已准备充分，学校确定活动具体举办日期后，学生开始根据前期备货清单准备货品。所需货品的渠道，学生可根据自身情况发挥所长：画画、书法、钩织钱包、DIY 发夹及烘焙甜品等；也可寻找家中旧物，如书籍、玩具等及网络平台购买所需售卖的商品。在这个过程中,学生学会了统筹，明白了做一件事情的不易。

在活动开展当日，学生根据提前领取到的铺位号，在操场寻找相应号码（教师已提前在操场进行数字标记）。在教师的指导下开始布置店铺：把宣传海报、铺位号、价目表悬挂在店铺上方，店铺前方需摆放垃圾桶，有才艺展示的学生做好相应器乐准备工作。当学生看到自己的商品摆放到店铺里，海报悬挂起来的时候，学生体会到了前所未有的成就感，提升了他们的自信心。

“发现商业的秘密”活动的顺利开展，需要在前期做许多铺垫工作。其中宣传海报的设计与绘制，在这中间便起着重要作用，海报绘制的是否符合要求，是否有创意，决定着“店铺”在二百余家“竞争对手”中是否可以脱颖而出，让“顾客”更容易注意到。由此可见，宣传海报绘制的好坏是非常重要的，于是任课教师制订了宣传海报的评价量规，目的在于更好地把控海报绘制的质量，并且在评价表中罗列出学生在绘制过程中应格外注意及易忽略的问题，从而规范并提高海报的质量。

（3）活动总结——算盈亏。

在活动结束后的总结中，教师带领学生“算盈亏”。这里的“盈”与“亏”有两层含义，一是字面上的盈利与否，二是在此活动中学生真正学习到了哪些知识。

首先，在课堂上，教师需要各组财务计算出前期全体成员的总投入（材料及进货）即成本，再计算出本次活动当天全部的收益即总收入，那么总收入减去成本即是本次活动的净利润。

其次，教师重点观察学生在本次活动中，出现了哪些问题，一起探讨解决问题的方法。在交流的过程中，有的学生提出明白了挣钱的不易，更懂得体谅感恩父母；有的学生明白自己前期的“亏”在于没有做好市场调研、了解市场动态；还有的学生说因为宣传力度不够……通过交流总结，使学生懂得钱财上的“盈”不是真正的“盈”，学到的知识，认识到的不足，才是真正的“盈”，汲取精髓，摒弃糟粕，争取在下次活动中更加出彩！

最后，活动结束后，任课教师需带领学生总结各组在本次活动中的感受。教师要带领学生更深刻的探索盈亏中的奥秘，盈利最高的小组有六百元左右的利润，而个别小组出现亏损几十至几百不等，那么就要探索为什么会出现这种情况。经过探索与分析，使学生了解到影响商业运行的奥秘在于商品价位及质量、店铺位置、服务态度及商品品类。同时教师也要引导学生反思在下一届活动中需要做哪些充足的准备，例如更加细致地进行市场调研、控制成本支出等。

【课程深化】

“发现商业的秘密”活动评价量规贯穿整个活动，在表 3-7 中，涵盖了本主题活动的重要环节。

表 3-7 “发现商业的秘密”评价量规

项目	☆☆☆	☆☆	☆
小组合作	团队成员间相互包容、互帮互助，在课堂上各组认真听讲，有一定的组织策划能力；根据活动主题，在教师的引导下制订出完善的活动方案	各组员分工明确，各司其职，完成《置业计划书》和宣传海报的绘制	在团队合作中对活动提出独特的创新方法并得到实施
市场调研	能够设计出调研问卷，通过校园随访等方式获得真实、有效的调研结果，能对调研结果进行分析与思考	与组员协作，运用合理的方法得到调查结果，能提出自己的见解	可与组员合作完成市场调研，能整理问卷及结果，并将调研结果有重点、有主次地呈现出来
店铺布置	活动举办时宣传海报、铺位号、售卖货品、餐垫等基础设施齐全	宣传海报绘制精美，设计宣传单页，店铺店员有礼貌	店铺活动井然有序地开展，店铺周边卫生整洁，有才艺展示
活动总结	能计算出本次活动的“盈亏”	能梳理出本次活动中本组的不足之处及值得其他小组借鉴的地方	找到本组不足之处的改正方法，有个人的想法及见解

备注：一般☆　良好☆☆　优秀☆☆☆

【课程升华】

1. 引导实践，发展素养

教师在课堂上需多鼓励学生积极参与实践活动，采取多种多样的学习活动方式，如活动设计、调研、收集资料、分析、总结、反思等。这样既能避免活动的枯燥及单调，也有利于调动学生的积极性，让学生在多种实践活动中充分锻炼发展，激发学生的探究欲望，培养创新意识，在这个过程中使学生的“问题解决办法、团队合作意识、实践创新精神”等核心素养得到全面发展。

2. 学科融合，丰富课程

综合实践活动的实施大多需要进行多学科融合，使主题活动更加丰富。学生在制作宣传海报时，运用到美术的色彩搭配，使海报更加吸睛；学生开展市场调研，记录数据并进行统计时，运用了数学的思维逻辑能力；道德与法治影响着学生的情感，懂得如何包容、团结小组成员；综合实践活动还涉及语文、信息技术及音乐学科，多学科的融合使得活动更有层次和深度。

3. 拓展外部环境，提升课程内涵

在本主题活动中，学生售卖的商品质量、食品安全卫生是活动的主体，也是校园安全的重中之重，那么任课教师可邀请在市场监督管理局工作的家长进入课堂，向学生讲解“食品安全卫生”和“校园食品安全”的重要性，哪些食品对小学生的身体有危害，哪些食品在制作的过程中需要格外注意保存时间、温度等，以此来加深学生对食品安全的重视。同时自己在备货的过程中也会格外注意，此举不仅为学生的“店铺”规避了风险，也让学生学到了在课堂上学不到的生活小常识。

（金水区艺术小学　赵纪军　赵玮霞　李闪闪）

三、社区服务

爱在八中　情系社会

【活动背景】

“爱在八中　情系社会”活动自 2012 年开设，先后开展“爱在八中　情系社会”爱心义卖；暑期公益支教夏令营；爱在八中情系卢氏冬令营；让青春在抗疫一线闪光志愿服务；“爱阅乐读　共享书香”捐书活动；共克时艰，风“豫”同舟抢险救灾；万名团员进社区志愿服务等数十种主题实践教育活动。使广大中学生从学校走向社会，从课堂走向生活，在社会实践、志愿服务中，树立创新精神，提高实践能力、劳动技能，增强学生社会责任感，促进学生的全面发展，为学生未来赋能，让每一个学生都能实现个人的梦想和追求，拥有一个美好的未来。

【课程目标】

（1）通过常态化开展以文明创建为品牌的志愿服务活动，让学生掌握必备的劳动技能，体验服务他人和社会的快乐，认同劳动创造幸福，崇尚劳动、热爱劳动。

（2）通过专业化开展以生命安全宣传为品牌的志愿服务活动，让学生掌握必备的生存技能，实现“知行合一”的活动效果，体悟课程知识、感悟生命价值、内化相应的情感价值观。

（3）通过阶段化开展以扶贫助困为品牌的志愿服务活动，培育学生“感恩心　恭敬心　天下为公心”的担当，弘扬尊老爱幼、扶贫帮弱的传统，培养学生乐于奉献、积极劳动、敢于服务的价值观念。

【实践与探究】

1. 涉及学科知识

“志愿服务活动”涉及的学科知识，如图 3-5 所示。

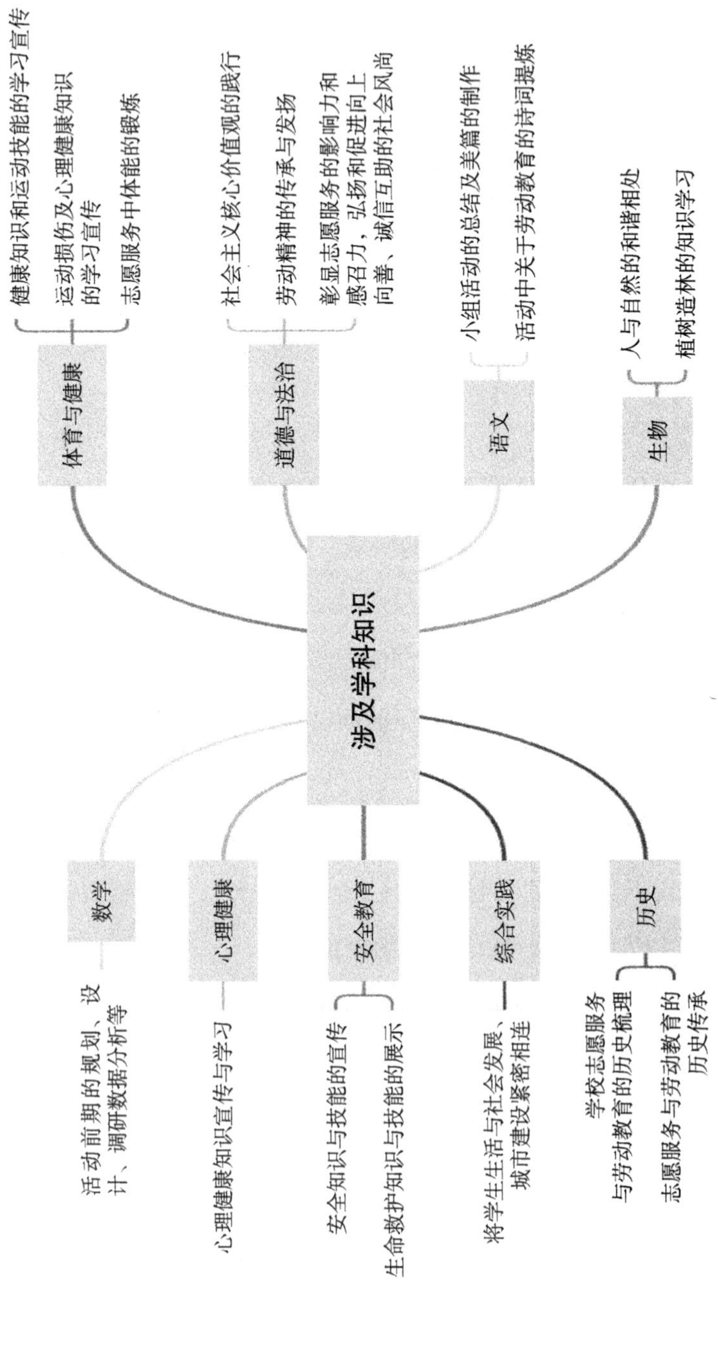

图 3-5 “志愿服务活动”涉及的学科知识

2. 重点活动环节陈述

“爱在八中 情系社会”课程根据不同时段、背景、学生特点等以志愿服务活动为背景，积极推进理论与实践的相结合。要求学生走出校园，走向社会，去关心社会发展，去关注社会问题，去尝试解决自己研究的社会问题，成为学生课余生活的有益补充，开辟出有自己班级特色的志愿服务的新路径。下以“文明创建为品牌”的志愿服务活动课程为例，进行案例说明。

（1）组织形式。以年级或班级为单位，采用小组合作的模式。学生一般由 10~15 人组成社会实践活动小组，自己推选小组长，聘请有一定专长的成年人（如本校教师、学生家长等）为指导教师。研究过程中，活动小组成员分工明确，相互协作。

（2）活动内容。以文明创建为品牌的志愿服务活动为主，见表 3-8。

表 3-8 以文明创建为品牌的志愿服务活动安排表

主题	活动项目	活动安排
服务社会	文明交通，绿色出行	文明交通教育培训和主题实践活动，摆放共享单车、文明交通值勤、宣传等
	勤俭节约、环境保护宣传倡议活动	在公园或广场开展、制作、发放宣传页，开展爱护环境集体签名活动
	文明楼院，清洁助力	入户调研、清除小广告、清洁楼院、花坛等
	文明城市创建	文明养犬知识宣传、一盔一戴宣传,《郑州市文明行为促进条例》的宣传和讲解活动等
	爱护环境	开展关于环境保护知识、河湖长制知识、黄河流域生态保护等志愿服务宣传活动
	文明旅游	宣传“文明旅游”相关知识，践行文明行为
服务学校	爱护校园环境，助力文明单位创建	“弯腰行动”“雷锋日我为学校做好事”等
	劳动最光荣	参与班级集体劳动、校园环境维护
	争做新时代好少年	辞旧迎新志愿服务、文体活动志愿服务活动
	感恩师长	制作贺卡、美食等献给教师、父母

（3）活动过程。各班级组织开展“爱在八中　情系社会”课程时，所有的活动过程大致分为三个阶段：第一阶段，根据班级同学的意愿和前期谈论，确定好活动的主题，制订好活动方案和安全预案；聘请指导教师；班级同学做好分工，准备好活动中需要的物品和资料（如表格、问卷、宣传材料、手套、服装、照相机、录音机等）；第二阶段，做好活动组织与实施、收集活动素材（活动过程中的照片或视频）；第三阶段，做好活动总结、参与收集活动学生的感想和实践活动报告整理（实践活动表盖章）及活动新闻宣传报道。

（4）活动评价。各班在活动结束后，学生整理活动材料，开展班级交流分享活动。

【课程深化】

学校在开学前将对各班上交的活动成果进行评比，对优秀活动集体予以表彰和班级加分，对优秀活动个人进行全校表彰，同时制作展板进行展出。具体评价量规见表 3-9。

表 3-9 “志愿服务活动”评价量规

项目	优秀	良好	合格
主题和目标	小组成员可以自主围绕“立德树人”确定具有针对性、实效性、教育性的主题；确定符合学生身心发展规律的目标，使活动具有较高的树德、增智、强体、育美的综合育人价值	在教师或家长的指导下围绕“立德树人”确定具有针对性、实效性、教育性的主题；确定符合学生身心发展规律的目标，使活动具有较高的树德、增智、强体、育美的综合育人价值	教师或家长围绕“立德树人”帮助学生确定好具有针对性、实效性、教育性的主题；基本使活动具有较高的树德、增智、强体、育美的综合育人价值

续表

项目	优秀	良好	合格
内容和实施	活动设计有特色、有新意，有细化、分解的具体活动安排，有安全预案；活动内容面向全体学生，关注学生个体差异，充分体现学生的主动性、能动性；活动实施贴近社会现实，贴近学生生活实际，紧扣主题，内容适中，参与学生人数众多，激发学生思考，教育作用显著	在教师或家长的指导下，活动设计有具体安排、有安全预案；内容满足大部分同学需求，能调动众多学生的主动性、能动性；比较贴近社会，联系学生生活实际，紧扣主题，内容适中，较好地激发学生思考，教育作用明显	在教师或家长的带领下，活动设计有具体安排、有安全预案；内容满足部分同学需求，参与的学生比较积极和主动；活动实施时，结合生活实际，比较贴近社会，内容适中，激发了学生思考，有一定的教育作用
总结和效果	小组成员都能自主、积极地开展总结活动；通过多种形式，如制作美篇、制作视频、撰写新闻、制作宣传手册等进行活动宣传；活动影响大，教育意义深，学生收获多，目标有效达成	小组成员能在教师指导下，开展总结活动；能够采用制作美篇、视频等方式进行宣传活动；活动影响较大，教育意义较深，学生收获较多，目标达成	小组成员能够在教师督促下开展总结活动；根据活动实施情况制作美篇；大多数学生有比较深刻的体悟，目标基本达成

【课程升华】

学校结合时代背景、学生特点，充分发挥校园周边特色资源、校内外育人环境设计的综合实践活动课程，按照综合实践活动“在做中学”的要求，将课堂教学与社会资源结合起来，丰富课程的内容和形式，推动新时代综合实践课程的开发与实施。

1. 引导学生走出教室

学校组织开展的志愿服务、社区服务等在学生综合实践活动课程中蕴含着丰富的劳动智慧、科学道理。2020 年，张子航同学化身为社区志愿者参加抗疫活动，连续 30 天背着重达 40 斤消杀喷壶帮助社区消杀，这是需要很大的勇气和毅力的，这名瘦弱的学生在志愿服务活动中，用自己的劳动精神感动了社会，保护了居民，提升了自己，鼓舞了同学，与此同时他也荣获郑州市新时代好少年等荣誉称号。

2. 践行在活动中，提升价值观

在志愿服务活动中，教师有意识地引导学生在活动后反思服务经历，分享活动经验，提升自己的能力和知识，树立更远大的理想和目标。例如，开展“厉行节约　拒绝浪费”志愿服务活动时，不仅引导学生要当好“厉行节约　拒绝浪费”的宣传员，而且还引导学生在生活中要明白珍惜粮食的必要性。活动结束后，引导学生反思服务中的所见所闻所想，指出餐饮浪费行为的严重危害，升华到维护国家粮食安全、弘扬良好社会风尚的高度，从而达到引导学生像袁隆平那样拥有科学态度、创新精神和实践能力的教育目的。

3. 引导学生以真才实学服务社会

学校将区域内已有的特色资源与课程进行整合，从学生发展的角度开阔学生视野，加深其对家乡的认同感，使其树立主人翁意识，更好地服务学校、社区、国家。例如，郑州“7·20”抗洪抢险期间，学生自发组织小队，投身到郑州灾后重建、清除淤泥、垃圾等环境的消杀志愿服务中，协助社区工作人员入户登记灾后情况、为辖区楼院孤寡独居老人发放救灾物资、在社区地下车库清理积水等，先后有近百名学生被评选为郑州市暑期社会实践先进个人，400余名教师、学生、家长被评为优秀志愿者。

（郑州市第八中学　郅广武　黄晓杰）

四、设计制作

葫芦工艺的创新

【活动背景】

中华优秀传统文化是中华民族的精神之本、力量之源。郑州市金水区文化绿城小学的“葫芦工艺的创新”主题活动以文化理解与传承素养为核心，聚焦学生的审辨思维素养、创新素养、沟通素养与合作素养，积极开展指向核心素养的中华优秀传统文化创新实践活动，推进中华优秀传统文化创造性转化和创新性发展。

“葫芦工艺的创新”主题活动从学生了解工艺葫芦的历史、学习表现技法、拍摄制作葫芦工艺的纪录片，再到结合民族文化进行创作，引导学生热爱、传承中国传统工艺。

【课程目标】

（1）认识葫芦工艺，了解活动开展流程，通过多领域学习，提升学生多学科知识技能。

（2）引导学生热爱、传承中国传统工艺，提高学生的审美素养，培养学生创新意识，提高对工艺葫芦的审美与评价鉴赏能力。

（3）在活动开展中体验劳动创造的乐趣，培养创新意识和工匠精神。

【实践与探究】

1. 涉及学科知识

“葫芦工艺的创新”涉及的学科知识，如图 3-6 所示。

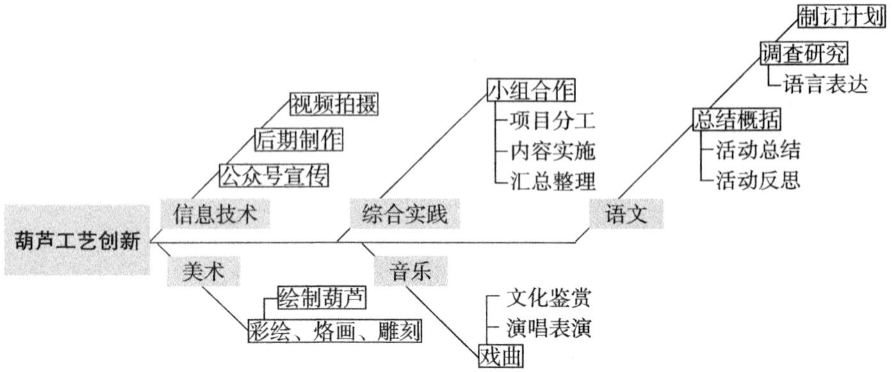

图 3-6 “葫芦工艺的创新”涉及的学科知识

2. 重点活动环节陈述

（1）分组调查研究。活动小组以学校为主，分别在校园、社区和家庭进行调研，制作调查问卷，汇总整理数据。通过调查研究可以让学生懂得“调研活动”有利于掌握基础常识，葫芦行情、大众喜爱程度、传统工艺表现法、获取创新的想法等环节提供完整的数据和清晰的思路，更好地为接下来的活动开展做好准备。

（2）传统工艺制作与创新。小组成员在组长的带领下分工收集资料，包括葫芦文化的历史背景、葫芦制作工艺的起源与发展，并深入了解葫芦制作的整个过程，为后续实践学习打下基础。通过调查研究，拜访相关手工艺人，发现葫芦作品不仅工艺精湛，而且装饰花样也丰富多彩。装饰工艺主要有雕刻、烙画、漆艺、镶钻等手法，还会借用其他元素来表达吉祥寓意，充分展现了民间工艺的精美技艺。

“葫芦工艺的创新”主题活动的现场活动与拍摄记录同时进行，学生根据活动方案，在展示场地就位，在教师的指导下开始布置活动展位。把各组展示的葫芦摆放上架，标牌放在醒目的位置。现场展示的学生做好相应工具准备工作，当学生看到自己的葫芦作品摆放到展示台上时，拍摄的纪录片也同时呈现在屏幕上，学生体会到了前所未有的成就感，提升了学生的自信心和荣誉感。

（3）葫芦的设计与创作。

①挑选葫芦。经过前期的调查研究，我们知道要挑选晾晒干透的葫芦进行艺术加工。用手轻摇葫芦能明显听到葫芦籽晃动的声音，这就证明葫芦已经熟透、干透了。用鼻子能明显闻到葫芦散发的天然的清香味道，这样的葫芦在进行制作的时候才不会产生变形或萎缩。注意葫芦的形状和皮色，尽量选择不用底座支撑就能自己立得住的葫芦，龙头要完整。绘制前一定要挑选与图案相匹配的葫芦形状。只有“图”“形”契合，才能“形神兼备”。

②清洗葫芦。把葫芦放在热水盆里浸泡一个小时。去除杂质、污渍，将葫芦表皮刮掉，使表面光滑。最后将去过皮的葫芦拿到阴凉通风处挂起晾干，也可以适当晒晒太阳，但要经常变换方向，以免晒偏色了。每过三五天，就拿起葫芦摇晃、轻轻拍打，慢慢地就能听到葫芦里面有“哗哗”的葫芦籽的响声了，这说明里面的水分蒸发得差不多了。

③葫芦制作。根据研究方向选取不同工艺对葫芦进行烙画、彩绘和雕刻，在制作过程中合理加入自己的创新理念，让创意与实践相结合，让传统手工技艺焕发出活力。

④烙刻文字，文化融合。项目小组将葫芦工艺与甲骨文结合，仿照龟甲、兽骨的外形，烙刻文字，仿制甲骨文拓片，烙刻诗词、成语、十二生肖等作品，探索字里乾坤。

⑤戏曲主题，致敬传统。项目小组在了解了戏曲文化知识后，制作彩绘戏曲人物，作品《许仙和白娘子》《女驸马》《孙悟空》活灵活现，栩栩如生。另外，蓝脸的窦尔敦、包公断案的《铡美案》和披挂上阵的《穆桂英》等

作品，通过添加竹签、黏土、珠串、线绳等多种综合材料，制作立体人物装扮。

⑥烙画葫芦，历史悠久。项目小组运用烙画技艺设计《喜上眉梢》《连年有鱼》《黛玉葬花》《桃园结义》等作品，呈现焦、黑、褐、黄、白等多层次渲染效果。又结合《七夕奇妙夜》和神舟十三号载人飞船等热门话题，烙制《国潮》和《飞天梦》。

⑦雕刻葫芦，活灵活现。项目小组使用刻刀、砂纸等工具雕刻了《装饰鱼》《祥云》《花开富贵》等葫芦作品；通过联系生活实际，利用葫芦的特殊形状，切割重组拼装，设计葫芦花瓶、亚克力香薰灯、茶壶等家居用品，实用美观。

⑧结合时政，与时俱进。项目小组还将葫芦与中国结等传统艺术结合，制作出丰富有趣的葫芦挂件。与生活结合，制作了冬奥吉祥物、抗疫英雄、建党百年、传统节日等主题的葫芦作品；还在校园和社区开展爱心义卖活动、制作文创产品和校园伴手礼，让更多的人认识葫芦工艺，弘扬中国传统文化。

【课程深化】

活动评价从活动开始贯穿整个活动，以促进学生的发展，从评价中可以有效引导学生做什么、做到什么程度，自己可以尽最大努力做到几颗星，指引学生激发潜能，有备参与活动。具体评价量规见表 3-10。

表 3-10 “葫芦工艺的创新”评价量规

项目活动	☆☆☆	☆☆	☆
资料收集	能够设计出调查问卷，会通过校园、社区随访等方式获得真实、有效的研究结论；能对结论进行分析与思考，确定研究学习内容并制订出完善的活动方案	各组合作完成调研活动，能整理问卷及汇总结果，并将调研结果有重点、有主次的呈现出来	各组成员协作，运用合理的方法得到调查结果，并能针对结果提出自己的见解

续表

项目活动	☆☆☆	☆☆	☆
设计创作	设计拍摄脚本，撰写视频解说词；选择合适的艺术表现手法对葫芦进行创作	各组成员能在葫芦上进行彩绘、烙画和雕刻等艺术创作，并拍摄宣传视频进行剪辑制作	完成葫芦工艺创作和宣传片的拍摄制作
活动总结	了解葫芦工艺创新的意义，探寻正确的传承途径，提升民族自豪感	能梳理出本次活动中本组的不足之处及值得其他小组借鉴的地方	找到本组不足之处的改正方法，有个人的想法及见解
文化推广	组织开展校内、社区展示活动，在校内外及网络平台进行葫芦文化宣传	愿意进行研究成果展示，对葫芦传统文化有所感悟和强烈的使命感	能介绍、熟知葫芦工艺的文化价值

备注：一般☆　良好☆☆　优秀☆☆☆

【课程升华】

1. 融合跨学科学习，改变学习方式

在“葫芦工艺的创新”实践活动中，学生开展自主查找资料、设计问卷、走访调查等资料收集工作，激发自主意识，调动学生的主观能动性。掌握探寻葫芦文化的方法和提高制作葫芦及视频剪辑问题的能力，促使自己更积极主动地参与到实践活动中，为研究性学习的开展与应用打下良好的基础。结合多种技艺制作葫芦作品、拍摄视频等宣传材料，不断地对多学科知识进行有效整合和运用。

2. 注重实践创新，提升学生能力

学校设法提供实践活动，让学生在自主开放、合作探究的学习环境中，通过制作葫芦了解传统工艺的技法和拍摄纪录片推广宣传葫芦文化。各组分工时，根据各自成员擅长的领域选择合适的研究内容。善于沟通交流的同学组队进行问卷调查和走访考察，文字功底突出的同学负责撰写解说词和拍摄

脚本，擅长绘画的同学带领大家制作工艺葫芦。在实践活动中，同学们相互协作，取长补短，感受到一专多能和团队合作的重要性，提高了综合实践和社会交往能力，体验劳动的乐趣，享受成功的愉悦。

3. 开设交流平台，形成课程品牌

同学们对葫芦有了深厚的情感，将葫芦作品与宣传片展示在校园内、社区中及网络平台上，让更多的人认识葫芦工艺这种古老的传统文化。“葫芦工艺的创新”多次参加各级艺术节的展示活动，受到评委的一致好评；参加了第六届教博会首届“致敬中华优秀传统文化”项目式学习活动,荣获单项“最佳纪录片”银奖、综合奖项二等奖。

（金水区文化绿城小学　牛保华　刘晓庆　周　静）

五、博物馆课程

走进博物院　感受古文化——探秘妇好鸮尊

【活动背景】

郑州市金水区南阳路第二小学开设一系列的综合实践活动课程，并与学生的生活息息相关，开展过的主题有“茶文化的研究”“我和蔬菜交朋友”“我的家乡是河南”“探秘妇好鸮尊”等。其中“探秘妇好鸮尊”是“中小学综合实践活动推荐主题汇总”职业体验及其他活动“走进博物馆”中的内容，也是学校最具代表性的综合实践课程之一，在学生及家长的反馈中评价较好，学生积极参与程度较高。

【课程目标】

（1）通过分享交流探究成果，使学生了解妇好鸮尊的来历、妇好其人其事等，感受商朝时期文化特点。

（2）通过主动探究、合作交流互动，使学生感受到探究的乐趣和成功的体验；运用自评、互评、反思等多种评价方式，提高学生鉴赏事物与自我完善的能力。

（3）通过汇报展示，不断激发学生积极学习的热情和探究传统文化及爱国的情怀。

【实践与探究】

1. 涉及学科知识

“探秘妇好鸮尊”涉及的学科知识，如图 3-7 所示。

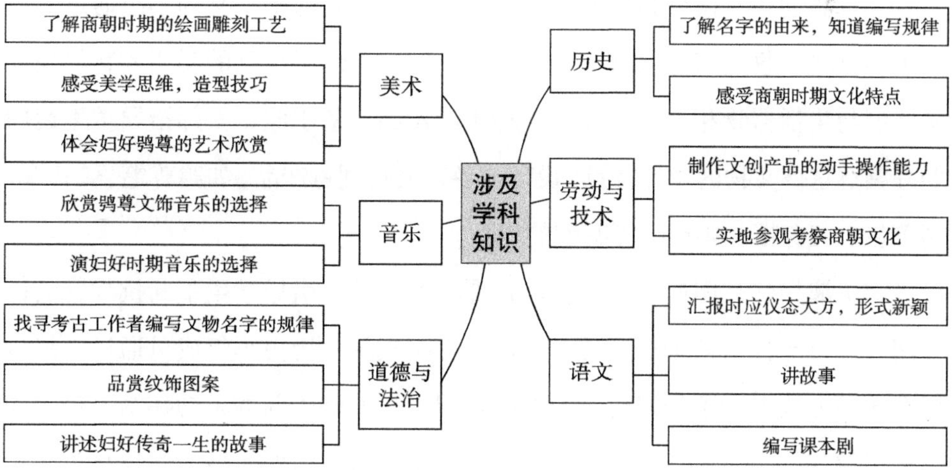

图 3-7　“探秘妇好鸮尊”涉及的学科知识

2. 重点活动环节陈述

学校确立了“探秘妇好鸮尊”的活动主题，并根据兴趣进行了分组，确定小队探究主题，开展了制订活动计划、小队探究、设计活动记录表、参观注意事项的指导、参观博物院、阶段性指导、如何运用网络收集资料、小组整理研究成果、设计汇报方案 、汇报展示交流等一系列活动。

（1）聊名字，揭秘妇好鸮尊。教师指导学生通过网络、书籍收集相关的文本资料，在整理资料的过程中，学生掌握了收集资料的方法，提高了对知识选择和筛选的能力。

（2）探纹饰，携手进博物院。教师指导鉴美小组走进博物院从鸮尊纹饰入手，将纹饰提取出来进行局部展示，然后通过小视频整体呈现。鉴美小组成员利用图片、视频配以悠扬的古乐来分享，将同学们带入美轮美奂的纹饰世界，了解商朝时期绘画、雕刻的高超工艺，感受古人绝妙的美学思维。通过实用与艺术并存的造型技巧，体会妇好鸮尊的艺术欣赏价值。

（3）巧创新，设计鸮尊文创。在此环节中，教师指导文创小组通过实地参观等方式，收集妇好鸮尊文创作品，了解古人运用自己的聪明才智将猫头鹰造型与生活器物相结合，设计各种生活用品。基于此，教师指导学生运用妇好鸮尊这件文物的设计特点，设计了各种文化创意产品，如鸮尊笔、鸮尊伞、鸮尊包、鸮尊帽、鸮尊鞋等有趣的产品。

（4）演妇好，邂逅一代女将。在课程实施中，引导学生不断挑战，尝试运用自编自导自演情景短剧的方式展示汇报成果。历史小组成员通过自编自导自演的方式展示了妇好传奇的一生，展示了妇好生前的丰功伟绩，带领同学们了解妇好身兼王后、将军、大祭司多重身份背后的故事。学生真正成为课堂的主人，个个都陶醉其中。

【课程深化】

结合活动主题特色、活动目标，聚焦学生的探究活动，从问题意识、作品创作、汇报展示制作活动评价量规（见表 3-11），体现学生的知识与能力、情感态度、价值观等核心素养，引导学生怎么做、应该做得怎么样，从而激发学生能力，促进学生成长。

表 3-11 “探秘妇好鸮尊”评价量规

项目	等级		
	优秀	良好	合格
问题意识	能发现问题背后的问题，分清主次，并能举一反三，深入分析，提出自己的见解	能发现问题，并能整理次序，提出自己的意见	能认识简单的表象问题，并能将问题陈述出来
作品创造	具有新颖的设计理念和思路，能绘制或创作栩栩如生的鸮尊饰品	具有简单的设计思路，能绘制或制作形象的鸮尊饰品	具有一定的初步想法，能绘制或制作简单的鸮尊饰品
汇报展示	能根据研究经历，进行翔实的总结和反思；汇报内容的重点、亮点突出；能够思路清晰地进行成果汇报；汇报形式多样，如系统的主题演讲、编制 PPT 版“探秘妇好鸮尊”、表演等，进行丰富有趣的内容分享	能根据研究经历，进行比较详细的总结和反思；汇报内容比较充实；能够顺利地将成果进行汇报；能够选择陈述式、主题演讲式、编制 PPT 版“探秘妇好鸮尊”等形式进行汇报，内容比较吸引人	能根据研究经历，进行简单的总结和反思；汇报内容不够充分；汇报过程不是很娴熟；能够选择陈述式、制作课件进行汇报，效果不够吸引人

【课程升华】

1. 问题导向，激发学生探究欲望

活动之初，学生们讨论最多的是“古人怎么用这个喝酒？”“它身上有两只鸮，你们谁找到了？”“妇好为什么被称为女将军？”妇好鸮尊因形象可爱、纹饰精美更是受到学生的喜爱。于是，教师抓住学生的好奇心，确定研究主题，开展探究活动。

2. 场馆学习，促进学生深度学习

教师带领学生来到博物院的历史教室，通过讲解员的详尽讲述，再现了我国三千多年前商朝时期绘画、雕刻的高超工艺，一幕幕精彩的场面震撼了同学们的心，感受到古人绝妙的美学思维，体会到妇好鸮尊的艺术之美。同时，通过与讲解员的交流，感受到女中豪杰妇好巾帼不让须眉，了解了传统历史女性的伟大。

3. 学以致用，活用知识走向生活

在课程实施中，学校采用了灵活的授课方式，如邀请博物院的志愿者走进校园和课堂，他们对文物、文化、历史的讲解，深深地吸引了教师和同学们；“走出去”以研究性学习为主，联系学生的生活实践，教师采用大主题与小主题结合的方式，让学生走出校门，走进博物院，通过先期查阅的知识材料，再去感受实物的直观性，给大家以身临其境的穿越感！

（金水区南阳路第二小学　孔　珂　孙琳丽　陶燕燕）

六、少·团队活动

传承红色基因　感悟百年历程——参观郑州二七罢工纪念塔

【活动背景】

郑州市金水区外国语小学自2020年起结合少先队活动，开设研学课程，有“聆听黄河故事”“参观郑州二七罢工纪念塔”“行走在郑州”等红色研学课程，其目的是教育和引导学生用脚步丈量祖国大地，用眼睛发现中国精神，用耳朵倾听人民呼声，用内心感应时代脉搏。

“参观郑州二七罢工纪念塔”意在让学生了解郑州的标志性建筑及其意义，走进郑州文化，讲好红色革命故事，传承革命英雄精神。

【课程目标】

（1）通过此次研学，使学生了解郑州二七罢工纪念塔的建造历程，增强学生对二七大罢工的历史意义和革命英雄事迹的认识和了解。

（2）通过学习革命人物的事迹和奉献精神，明确作为新时代学生所肩负的历史使命，增强学生的历史责任感，珍惜来之不易的幸福生活，进一步激发学生的爱国情怀。

（3）通过红色研学的熏陶，使学生懂得珍惜、学会感恩、立志报国、自觉践行社会主义核心价值观，为实现中华民族伟大复兴的中国梦而努力奋斗。

【实践与探究】

1. 涉及学科知识

“参观郑州二七罢工纪念塔”涉及的学科知识，如图 3-8 所示。

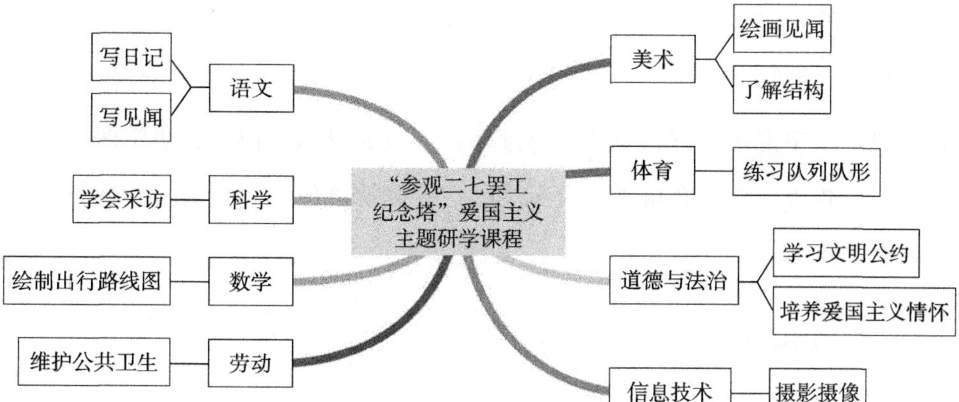

图 3-8 “参观郑州二七罢工纪念塔”涉及的学科知识

2. 课程重点环节陈述

（1）场馆学习。以问题驱动为导向，引导学生深刻理解“行”与“知”、

“学”与“思”。活动前引导学生自主收集、准备“郑州二七罢工纪念塔”相关研学资料，提出想研究的问题，激发学生学习的主动性和研究欲望。在场馆中，学生根据问题开展研究活动，通过教师讲解、查看馆内资料、参与场馆体验活动等，了解郑州二七罢工纪念塔的基本情况、建造历程和革命英雄人物事迹。学生的研究能力、思考能力、交流能力、解决问题的能力得到进一步的提升。

（2）活动交流。班级组织开展项目式学习成果展示交流。在教师的引导下，学生能熟练讲述郑州二七罢工纪念塔的建造历程和革命英雄的奉献精神及人物事迹，自主完成绘画作品、撰写研学收获。通过交流总结，使学生在了解郑州二七罢工纪念塔“前世今生”的同时，被一个个英雄的事迹深深地感动，激发了心中的英雄梦，激励学生为实现中华民族伟大复兴的中国梦不懈奋斗的斗志。

（3）活动评价。课程始终关注每一个学生的学习态度、学习方法、行为习惯，以及“研学单”的完成、绘画作品创作、研学收获撰写、交流研讨参与等情况，做好过程性、总结性评价，对优秀学生颁发“金外悦之星”奖状。整个过程，学生作为评价主体，感知丰富、收获满满。他们在研学课程中主动学习、积极思考，获得了更有宽度、广度和深度的学习机会，发现更专注更优秀的自己。

【课程深化】

结合活动主题特色、活动目标，聚焦学生的探究活动，从认知能力、动手实践、情感体验、总结创新制订活动评价量规（见表 3-12），体现学生的知识与能力、情感态度、价值观等核心素养，引导学生怎么做、应该做得怎么样，进行深刻的总结和反思，促进学生成长。

表 3-12 “参观郑州二七罢工纪念塔”评价量规

项目	等级		
	优秀	良好	合格
认知能力	了解郑州二七罢工纪念塔的基本情况，熟悉其建造历程和革命英雄人物事迹	基本了解郑州二七罢工纪念塔的基本情况、建造历程和革命英雄人物事迹	初步了解郑州二七罢工纪念塔的基本情况
动手实践	能认真、独立完成郑州二七罢工纪念塔的绘画作品	态度认真，在教师指导或同学的帮助下完成郑州二七罢工纪念塔的绘画作品	态度较认真，在教师指导或同学的帮助下基本完成郑州二七罢工纪念塔的绘画作品
情感体验	了解郑州二七罢工纪念塔的历史和文化，能熟练讲述其建造历程和革命英雄的奉献精神及人物事迹	了解郑州二七罢工纪念塔的历史和文化，能独立讲述其中简单的故事	了解郑州二七罢工纪念塔的历史和文化，在教师的指导下能熟记其精神及人物事迹
总结创新	能根据活动经历，独立创作，完成对郑州二七罢工纪念塔的研学收获撰写	能根据活动经历，在教师指导或同学的帮助下完成对郑州二七罢工纪念塔的研学收获撰写	能根据活动经历，在教师指导或同学的帮助下基本完成对郑州二七罢工纪念塔的研学收获撰写

【课程升华】

1. 走出学校，实践探究

场馆学习是推进素质教育的一项重要举措，既是课堂教学的延伸扩展，又是社会实践的迫切要求。学校要将场馆课程纳入教育教学计划之中，与学校综合实践活动课程进行统筹考虑，与德育课程有机衔接，全面加强学生的综合运用、动手实践、解决问题的能力，促使课本知识与实践操作的融合与深化。

2. 学科融合，丰富课程

在研学课程开展的过程中，进行了多学科的融合，使研学活动更加丰富。

学生在填写研学单时运用了语言表达能力；在计划研学路线时，运用了数学思维逻辑能力；道德与法治影响着学生们的言行举止，养成良好的行为习惯。此外，还会涉及美术、音乐等学科，多学科的融合使活动更有层次和深度。

3. 家校合育，共育未来

学习研学课程以“家校·悦合”课程为依托，实施过程中得到了金水区外国语小学学生家长的大力支持，在家长们的助力下，家校社携手，共同帮助学生在与平常不同的、多彩的学习和生活中拓宽视野、丰富知识。

（郑州市金水区外国语小学　邵玉慧　闫　彦　王　欣）

七、研学活动❶

“豫”见马渡与你“乡”遇

【活动背景】

在郑州的黄河岸边隐藏着一个美丽小村庄——马渡村，这个临水的村庄里藏着一个 700 多年前的故事，相传南宋开国皇帝赵构在北宋末年曾被金兵追杀，骑泥马渡黄河，传说中的“泥马渡康王”的典故就发生在此地，马渡由此而得名。中华人民共和国成立后，在中国共产党的领导下，马渡村贯彻落实黄河流域生态保护与实施新农村建设，这里发生了翻天覆地的变化，成了郑州市金水区新农村建设的标杆。

1. 黄河农耕研学基地

基地以农业种植及科普为主题，结合农耕文化和休闲娱乐，让青少年更亲切地感受传统农耕、现代种植的生活乐趣。

❶ 此案例为研学活动，与前文案例体例格式不同。

2. 文化长廊

马渡村文化长廊展示了马渡村特有的黄河岸边村庄的特色，用图片、文字形象地展示了马渡村“鱼米之乡”的特点，同时展示了新农村建设前后马渡村的巨大变化。

3. 乡愁广场

马渡村的公共小广场，是村里公共服务设施之一，其中黄河农耕文化元素的设施让其独具特色。

4. 足球场

足球场是村里孩子们最喜爱的场地之一，这里无论寒暑总是热闹非凡，见证了马渡村人民娱乐生活的变化。

5. 马渡中心广场

中心广场可以满足 1000 人以上的集会，是村民娱乐生活中最常集聚的地方之一。

6. 马渡村史馆

村史馆主要有村庄历史、农耕展示、村庄规划三个主要板块，以时间为线索，从古至今介绍了马渡村的历史文化，展示了马渡农耕文化，展望了马渡的未来。

7. 游乐园

游乐园是村内的公共服务设施，能够满足少、中、老年不同年龄阶段的村民健身娱乐需求，展现了马渡村幸福生活的追求。

8. 小吃街

马渡村内的商业街，主要以本地小吃为主，十分受学生的欢迎。

9. 村镇集市

村镇集市，保留了传统集市的形式和特点，是城市里不常见的农产品直销市场，学生们在这感受到了浓浓的乡村购物氛围。

10. 黄河观景台

黄河景观台位于黄河岸边，这里是村内眺望黄河、欣赏黄河之美的最佳观景点。

【研学目标】

1. 知识与技能

（1）了解马渡村名的由来。学习马渡村史，了解黄河岸边的小村庄都发生了哪些新的变化，从“美丽村庄、美丽田园、美丽公路、美丽河道、美丽产业”的不同角度全面认识美丽的家乡——马渡。

（2）以马渡村新变化为线索。了解马渡村的“水、林、田、湖、路、村”的新面貌，了解马渡村环境及公共服务的变化对村民生活产生了哪些影响，深刻理解马渡村美丽乡村建设对于黄河流域生态建设及人民群众生活的重大意义。

2. 过程与方法

（1）通过组建小组、分配角色、颁发研学任务等形式，以学习收集、整理、汇报资料的方法，使学生能够成为学习的主人，体验自主探究、发现问题、合作解决的项目制探究学习方法。

（2）通过绘制地图、宣传片拍摄、手工制作、演讲比赛、文艺表演等多样活动，锻炼学生的观察、口语表达及创新能力。

（3）通过实地参观考察及思考探究，让学生更加直观和清晰地认识到马渡村的变化，更加了解自己的家乡。

3. 情感态度价值观

（1）通过研学实践活动，让学生感受到在党的领导及人民群众的奋斗下马渡村发生的重大变化，激发学生的爱党爱国爱家之情。

（2）通过实地考察黄河边的村落，认识到黄河生态与人民生活的密切关系，加强学生对黄河生态的保护意识。

（3）通过完成研学实践任务，了解家乡文化，赞美家乡风光，宣传家乡建设，为家乡的发展奉献自己的力量，培养为家乡建设发展而学习的责任担当意识。

【研学任务】

1. 我的家乡 · 我了解

（1）收集整理马渡村的相关资料，解释马渡村名的由来。

（2）采访同学、老师、家人，收集马渡村的历史资料，分小组汇报关于马渡村的变化。

（3）参观马渡村，说说你眼中的马渡村，并和教师一起互动，探索马渡村发生变化的根本原因。

2. 我的家乡 · 我赞美

（1）体验黄河农耕基地：化身“农业小达人”，各小组分别探索农耕基地里面的植物，说出各种植物的特征及用途，并体验农耕生活，感受集体劳动的快乐，传承黄河儿女的劳动精神。

（2）参观马渡村文化长廊：倾听教师的讲解，了解黄河治理与村庄发展的关系，帮助学生树立保护黄河与建设家乡的远大理想。

（3）参观马渡村史馆：倾听教师讲解及观看展品，了解马渡村名称的由来，了解村庄的发展历史，引导学生认识到今天的幸福生活来之不易。

（4）体验马渡村游乐园：了解村里公共服务设施，体验村民闲暇时光的娱乐生活，感受村庄居民精神生活的变化。

（5）打卡小吃街和村镇集市：制作美食及购物攻略，为后续“小导游”任务做准备。

（6）黄河观景台表演：研学活动的最后一站，在这里感恩黄河的馈赠、感恩党和国家的支持、感恩劳动人民的付出，为他们献唱。

3. 我的家乡 · 我宣传

（1）化身“小导游”：为参观马渡村的人们绘制一张马渡村一日游览观光图；并结合自己的了解自制攻略，为马渡村配上讲解词。

（2）化身“宣传大使”：小组各显神通，分别在学校组织的文艺表演、英语口语大赛及短视频制作征集中宣传自己的家乡，为家乡的发展奉献自己的力量。

【研学过程】

1. 行前课程：“豫”见马渡与你“乡”遇——我的家乡 · 我了解

（1）课内感知交流。课堂上，教师播放关于马渡村的宣传片，同学们通过观看 PPT 和聆听教师的讲解，了解马渡村发生变化的主要原因。有了对自己家乡的初步认识，增加学生对本次研学的热情，激发学生对自己家乡了解的欲望。同学们畅所欲言，根据自己的观察和经验，分小组交流自己发现的马渡村的至少五处变化点，最后在全班进行汇报。整个环节，同学们和教师一起互动，探索马渡村发生变化的根本原因，把自己生活中认识和感受到的家乡的变化做了充分的沟通和交流。

（2）课外调查采访。根据研学任务要求，同学们利用课余时间分小组在马渡村展开调查采访，听家人或邻里谈他们对马渡村变化的了解，形成调查报告。

2. 行中课程：“豫”见马渡与你“乡”遇——我的家乡 · 我赞美

（1）实地参观考察。在教师的带领下，按照黄河农耕研学基地—马渡村文化长廊—乡愁广场—足球场—马渡中心广场—马渡村史馆—游乐园—小吃街—村镇集市—黄河观景台的线路参观马渡村，实地感受马渡村的变化；同学们用相机记录马渡村的景观，用脚步丈量村庄，利用电子地图制作马渡村一日游览地图；在教师的指导下，各小组选择两个他们认为马渡村变化最大的地方，并说明了缘由。同学们通过实地参观考察，真切地感受到了这个黄河岸边小村庄的新面貌，不知不觉中树立了知家乡、爱家乡的意识，同时也感知了党和国家的好政策。

（2）完成研学任务。

①体验黄河农耕基地。化身“农业小达人”，各小组分别探索农耕基地里面的植物，并说出各种植物的特征及用途，并体验农耕生活，感受集体劳动的快乐、传承黄河儿女的劳动精神。

②参观马渡村文化长廊。倾听教师的讲解，了解黄河治理与村庄发展的关系，帮助学生树立保护黄河与建设家乡的远大理想。

③参观马渡村史馆：倾听老师讲解及观看展品，了解马渡村名称的由来，了解村庄的发展历史，引导学生认识到今天的幸福生活来之不易。

④体验马渡村游乐园：了解村里公共服务设施，体验村民闲暇时光的娱乐生活，感受村庄居民精神生活的变化。

⑤打卡小吃街和村镇集市：制作美食及购物攻略，为后续“小导游”任务做准备。

⑥黄河观景台表演：研学活动的最后一站，在这里为感恩黄河的馈赠、感恩党和国家的支持、感恩劳动人民的付出，为他们献上自己的歌声。

3. 行后课程：“豫”见马渡与你“乡”遇——我的家乡 · 我宣传

（1）分享研学收获。

第 1 小组汇报：在农耕研学基地，发现了什么作物？这些作物的特性及用途是什么？结合马渡村史馆及文化长廊的黄河农耕历史，谈谈为何马渡村因种植水稻而成为“鱼米之乡”？

第 2 小组汇报：发现马渡村的哪些地方发生了变化，结合实地观察和小采访，谈谈哪些变化对村民的生活影响最大？

第 3 小组汇报：结合教师的讲解及收集到的资料，分析一下未来的马渡村会发展成什么样？畅想一下未来的马渡村。

（2）我为马渡来代言。

有了切身实践，有的同学开始化身“小导游”，为参观马渡村的人绘制一张马渡村一日游览观光图，并结合自己的了解自制了一份攻略，为马渡村配上讲解词；有的同学则化身“宣传大使”，各小组各显神通，分别在学校组织的文艺表演、英语口语大赛及短视频制作征集中宣传自己的家乡，独特的宣传方式使得宣传家乡更加多元和更有创意，大家都在为家乡的发展奉献自己的力量；还有的同学将学习、生活、研学融合起来，将研学创意成果物化，准备并开展“我和我的家乡——我看马渡新变化”表演，这不仅提升了学生的动手实践能力、想象能力和创意能力，还进一步巩固了研学实践知识成果，培养了他们的创新能力，同时也提高了他们的语言表达能力和想象能力。大家在推介家乡变化中，了解乡情、国情，也培养了热爱家乡、热爱祖国的情感，大家赞美家乡风光，宣传家乡建设，为家乡的发展奉献自己的力量，同时也培养了为家乡建设发展而学习的责任担当意识。

【研学评价】

“读万卷书不如行万里路”，“‘豫’见马渡与你‘乡’遇”研学活动是一次充实而有意义的实践活动，同学们收获满满。本次研学活动采用过程性评价和结果性评价相结合的方式，其中过程性评价以学生自评和组内互评为主，结果性评价以展示、交流、教师评价为主。优秀的小组代表会在学校的活动舞台上进行演讲或演艺，并通过美篇、抖音、新闻等形式宣传。具体评价量规见表 3-13。

表 3-13 “豫见马渡与你乡遇研学”评价量规

项目		评价标准
过程性评价	遵守纪律	能够遵守研学公约，纪律观念强；全程参与小组活动，时间观念强，无迟到、脱离队伍现象，做到一切行动听指挥
	注重文明	注重文明用语，保持队伍秩序，注意个人卫生，维护环境卫生，爱惜公共设施，以礼待人，能够树立良好的个人形象
	团结协作	拥有团队精神，集体荣誉感强，能够互帮互助，与同学进行有效沟通和交流
	主动探索	能够主动探索，积极参与体验，用心记录；能够认真完成研学手册，及时上交，手册内容清晰、风貌鲜明、观感深刻，内容充实
结果性评价	手抄报	主题鲜明，立意新颖，能够突出家乡马渡的新变化；图文并茂，内容丰富；版面设计合理、干净、整洁、大方；书写工整、无错别字
	调查报告	调查报告目的明确，能够围绕家乡马渡的方方面面展开；时间、地点、对象和调查内容陈述详细；调查数据真实可靠，分析有理有据，措施可操作性强；文字表述清楚，语句通顺
	汇报展示	能够选择大家喜闻乐见的活动进行展示，形式新颖、主题突出、内容丰富、互动性强、宣传效果好

【课程升华】

研学课程是一门以学生为中心的活动课程，它作为综合实践育人的有效途径，可以有效承载道德养成教育、社会教育、国情教育、爱国主义教育、优秀传统文化教育、创新精神及实践能力培养。本次研学课程具有以下几个特点。

1. 创设情境，凸显学生主体性

学生是研学实践活动的主体。本次课程注重让学生主动探究、感知自己家乡的变化，让其进入真实的学习情境中，通过自己的观察、体验和探究，从而建构与获得相关知识，成为真实的学习主体，同时培养他们独立思考、创意和创新能力。

2. 融合活动，落实课程教育性

研学活动是研究性学习和旅行体验相结合的校外教育活动，活动中的知识性目标、能力性目标，情感、态度、价值观领域的目标和核心素养的目标等，都应该是落实的核心要点。本次课程遵循教育性和知识性原则，制订了丰富的研学方案，学生经历了一系列的活动，调查采访、参观场馆、撰写研学手册，利用多种形式宣传推介自己的家乡等。丰富多彩的活动形式，使学生在多方面受到了润物细无声的教育。

3. 因地制宜，彰显资源本土性

本次课程紧跟时代步伐，着眼当前视角，利用黄河岸边的美丽乡村——马渡村的自然资源优势，因地制宜，带领学生一起感受家乡的变化，领略新农村风貌，彰显了课程的本土性和地域性的特点。

4. 知行结合，提高研学实效性

整个研学过程以问题为导向，以任务为驱动，积极创新实施方式，让学生行前有计划、行中有探究、行后有反思。通过本次活动，一方面挖掘了家乡马渡的特色文化资源；另一方面，通过教师的引导，学生学会用地理视角和思维审视自己生活的环境。既锻炼了学生的实践能力，培养了学生的综合思维，又形成了热爱家乡的情感，并使其能够与自然、社会和谐相处。

（金水区龙子湖第四小学　荆淑芳　录金红　曹丽萍）

第三节　课程经验

一、区域经验

2017 年 10 月，教育部颁布了《综合实践活动课程实施指导纲要》（简称

《指导纲要》)，随后《高考改革方案》《义务教育质量评价指南》《义务教育实施方案（2022年）》等文件的出台，指出学习方式向项目学习、主题研究、跨学科学习等学习方式转变的重要性，明确课程与学习方式的变革迫在眉睫。郑州市金水区课程改革经历了近二十年，形成了一定的经验，建构了一定的模式。跟随时代和学生的发展，区域和学校需要进一步优化综合实践活动课程实施、评价与管理，重构课程实施模式，促进课程创新和迭代发展，建构满足新时代学生发展的课程体系。

基于此，郑州市金水区重构与提炼区域“3+X”课程推进的实践模式。具体如下。

（一）“3+X”课程模式概述

郑州市金水区作为首批国家课程改革试验区之一，自2001年起实施综合实践活动课程已有二十多年。以“立德树人，全面发展”为核心，根据河南省的文化、学情、师情等教育特质，郑州市金水区在综合实践活动课程推进中提出“3+X”的“未来素养”模型，即构建“三个有价值”（让知识更有价值、让学科更加有价值、让实践更有价值）的“X未来”教育模式，融合学生已知经验、各学科系统的学习、综合实践活动课程三个视角获得的知识、思维、经验进行重构和叠加，形成三者之间的彼此互进、共生、迭代的循环模式，让学生在“X”的未知社会和领域中能够以“新的知识体系、高阶思维能力、丰富的实践经验”解决问题、勇于担当、适应社会、从容生活，为培养德智体美劳全面发展、实践创新的新时代建设者和接班人奠定基础。

课程推进过程中，区域制定五个“五年计划”，遵循杜威“教育即经验、教育即生长、教育即社会改造”的理念，以珀斯金“为未知而教，为未来而学”

为设计目标，融合“4T”即认知学习理论、多元智能学习理论、建构主义学习理论、实用建构主义，建构以“金字塔”实施模式为实施路径，以依据郑州市金水区研发的《1~9年级学生能力发展指标》设计相应的《金水区综合实践活动课程教师关键能力发展指标》为抓手，细化《指导纲要》目标，让课程实施有依据，活动实践有导向，教师评价有把手，从而发展学生的核心素养；具体通过9种途径丰富课程内容、绘制双边变化愿景图打造课堂文化、凝练13种课程模式提高活动质量、建立“5个层面6项角度”的评价体系提升课程内涵发展等“N”种策略，务实课程常态有效实施；创新6种保障机制，促进课程良性持续发展；以整体推进课程的深度开发、实施与评价，进一步促进教学方式、育人方式的变革，培养学生的关键品格，提高学生解决问题能力、实践能力、跨学科学习等综合能力，体悟学科价值、实践价值、经验价值，成为会做人、会学习、会生活、会创造的21世纪的复合型人才。

（二）推进过程与实践方法

第一步：初探“样本”，打造“引领效应”（2001—2005年）。根据《义务教育课程方案和课程标准（2001年版）》，在无经验情况下，指导学校结合校情、师情、生情、社区资源，自主开发，打造品牌效应，进行“样本”推广。

第二步：规范普及，树立“一校一品”（2006—2010年）。根据学校常态实施需求，出台《金水区综合实践活动课程实施规范指南》，建立机制，落地学校。

第三步：凝练能力标准，深化课程内涵（2011—2015年）。结合《义务教育课程方案和课程标准（2001年版）》，印发区域指导意见，编制《3~9年级学生能力发展标准》等文件，加强应用与深化。

第四步，升华实践经验，推广课程模式（2016—至今）。结合2017年国家出台的《指导纲要》与2020年普通高考改革方案，建构实践经验模型，出版教学成果，推广教学经验，形成继承与创新。

（三）实践过程中的创新点

在郑州市金水区综合实践活动课程实施的二十多年里，也是国家课程改革的二十年，金水区跟随国家课程改革的步伐，建构了一套区域独特的实践模式，主要有以下几个创新点。第一，实践理念新。将综合实践活动课程作为变革课程的育人方式，变革学习方式、评价方式等载体，以培养学生实践与创新能力、落实核心素养发展、促进学生全面发展、"立德树人"为主抓手，持续创新推进；建构以"金字塔"课程模式（图3-9）为解决方案，完善课程顶层设计，形成具体实施策略，保障课程有效实施，打造区域课程实施文化和样态，实现课程育人的独特价值和不可替代性。

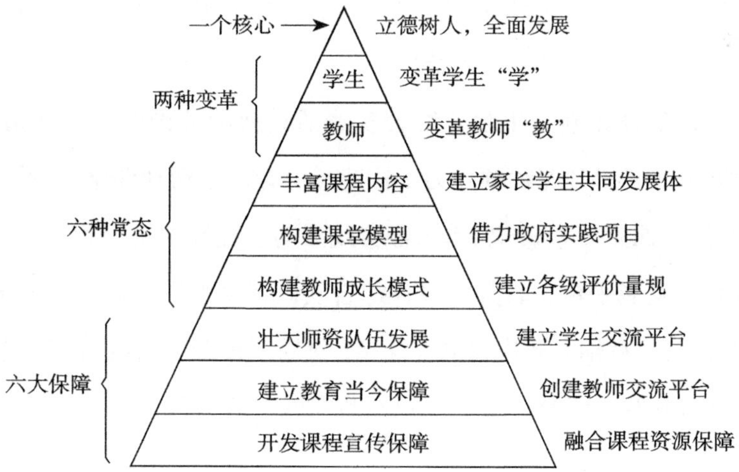

图3-9 "金字塔"课程模式

提出综合实践活动课程的课堂文化双向发展模型（图 3-10），让学生活动过程有支架，提高活动质量，提升课程内涵。

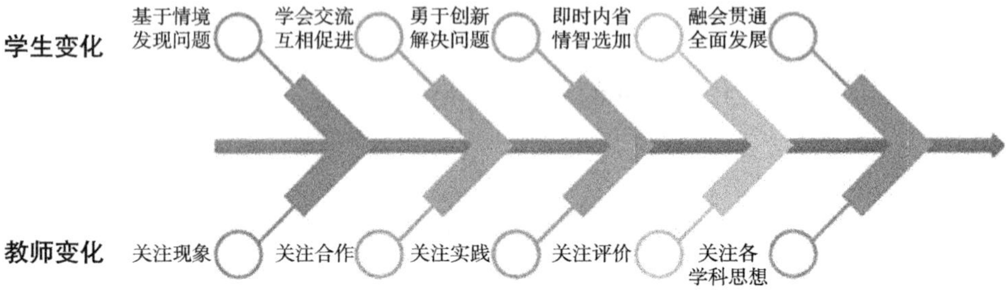

图 3-10　课堂文化双向发展模型

第二，实践策略新。出台《综合实践活动课程 1—9 年级学生能力发展标准》，细化各年级的课程能力目标，落实学生能力有层次地发展和教师教学的参考标准，实现了《指导纲要》的理念，成为课程有效实施的抓手和硬核；借助每年一届的暑假研究性学习活动，让学生与社会、自然、自我进行真实体验相链接，融合各科的知识与技能，重构思维，解决问题，感悟学科在生活中的应用价值，获得经验，创造生活。

第三，评估体系新。出台《综合实践活动教师关键能力发展指标》，明确业务发展素养，提升课程领导力；构建《综合实践活动课堂教学评价量表》《综合实践活动课堂观察量规》《综合实践活动过程性评价套餐》，凸显特质，创新区域教师发展平台。教师可以评综合实践活动职称；相关获奖成果纳入评职称的条目;课程纳入政府督导、视导、每周下校调研的机制，通过听汇报、观摩课、查资料等，诊断、督促课程不断发展。

（四）取得的成效

第一，有效的区域顶层设计。金水区自 2001 年起制定五个“五年计划”，分别印发了《实施指南》《指导意见》；出台《1—9 年级学生能力发展标准》和相应的《教师关键核心能力发展标准》；与郑州师范学院合作开发《师范生教师教学能力（综合实践活动课程）》，为师范生具有的综合实践活动素养和能力提供了考评指标（见表 3-14）；出版《亲历实践》《聆听花开的声音——综合实践走进生活》《跨学科课程的 20 个创意设计》《不一样的课堂》《综合实践活动 60 问》《看见学习　看见成长：项目化学习实施与评价》《项目：新时代学习方式转向》等书，著作获宋乃庆、郭元祥、杨四耕、成尚荣等专家高度点评；5 篇活动案例被入编教育部出版的《综合实践活动案例专家点评》；汇编《学校课程规划》《活动主题资源包》、八届学生研究性学习成果等资料；学校形成“校校有品牌　师师有成果　生生有项目”的区域样态。

表 3-14　“小学综合实践活动课程教师教学能力”考评指标

维度	领域	基本要求
课程基本专业品质与能力	课程理念与要求	1. 理解综合实践活动课程的特点及与相关学科课程的关系 2. 掌握综合实践活动课程的基本理念
	知识结构	1. 具有系统的教育理论知识、综合学科知识和特定的地域性知识，能够将学科知识与生活实际相结合 2. 了解青少年身心特点及其医疗、保健、传染病预防等相关知识，掌握意外伤害事故处理与紧急、特殊情况下保护学生的基本方法 3. 了解小学综合实践活动中研究性学习、社区服务与社会实践、劳动与技术教育、信息技术教育等领域的基本内容。掌握撰写活动方案、调查记录、观察日记、实验记录、研究报告等方法 4. 了解综合实践活动内容，掌握调查研究与访问、实验研究与观察、技术设计与制作、社会参与服务、信息收集与处理等多种实践学习方式 5. 掌握综合实践活动课程的基本类型与活动方式，掌握主题确定、活动策划、总结交流等阶段的课堂组织形式 6. 初步形成综合实践活动教师指导、评价和反思的策略与方法

续表

维度	领域	基本要求
课程基本专业品质与能力	多元参与能力	1. 掌握基本的生活技能，具备一定的通用技术操作能力 2. 具备一定的参与社会各种实践活动的能力 3. 具有将信息技术、艺术、劳动、绘画、写作、统计、交流等融入综合实践活动的能力，并具有不断提升和终身学习的意识和能力
	现代教育技术整合能力	1. 理解信息技术在综合实践活动中的作用，具有主动运用信息技术提高教学效果、改进学习方式、培养学生综合能力的意识 2. 掌握教育教学相关的常用软件的使用方法，并能够在教学中加以应用 3. 具备良好的信息道德与信息安全意识。能够引导学生遵循相关的信息道德规范，树立信息安全意识，养成健康负责的信息技术使用习惯 4. 具备指导并帮助学生将现代教育技术手段整合到综合实践活动中的能力
活动设计规划能力	活动主题选择能力	1. 能够遵循学生的兴趣、爱好与特长，面向学生生活和社会实践，引导学生自主选择并确立活动主题 2. 掌握创设情境或引导学生从熟悉的生活中提出问题转化为研究主题的方法
	分析、制定活动目标的能力	1. 具备指导学生论证并合理表述研究主题、设计活动主题具体目标的能力 2. 能引导学生分析活动主题，并具备融合知识与技能、过程与方法，情感态度与价值观来制定各活动环节目标的能力
	设计、制订活动方案能力	1. 掌握活动实施的基本环节，具有从多角度、多方面加以预设、构想、设计活动方案的能力 2. 具有指导学生依据活动目标，合理选择活动资源，制订研究方案的能力 3. 具有对活动方案的合理性、可操作性及实效性进行分析和修改完善的能力
	预测教学情境变化的能力	1. 具有一定的教学预测能力，能从多角度和多方面加以预设、构想，并制定相应对策 2. 具有发挥活动过程中自主建构和动态生成作用的意识。能够保持预设与生成的动态平衡

续表

维度	领域	基本要求
活动实施能力	组织驾驭能力	1. 具备组织参观、宣传、郊游、角色扮演、合作学习、文献查阅等活动的能力 2. 具备尊重自愿、合理搭配，建立多样性、包容性合作小组的能力；能够协调处理成员间的分歧 3. 具备调控活动节奏，推动探究活动进行并引向深入的能力 4. 具备组织学生交流分享、汇报展示能力 5. 具备较强的应变能力和对突发事件的应对处置能力 6. 能够在活动中进行安全防范，培养学生的安全意识及自我保护能力
	引导、指导能力	1. 能够收集学生活动主题资料，对学生使用各种工具提供帮助和指导 2. 具备指导学生记录活动具体任务，撰写活动文本资料和研究报告的能力 3. 具备指导学生有效开展小组合作、交流展示和通过研究活动自主获取知识的能力 4. 具有督促和激励学生开展活动，帮助他们克服困难，维持研究热情的能力 5. 具有指导学生进行自评、互评和活动反思的能力，培养学生自我发现、欣赏他人的意识
	团队合作意识与协调沟通能力	1. 具有与同事、学生及家长合作的能力，能有效与他人沟通交流，协调人际关系 2. 具有组织合作教学的能力，能实施团体指导和协同教学 3. 具有建立广泛社会关系，创建良好活动环境的能力
	实践创新能力	1. 注重学生的亲身体验和积极实践，具有培养学生的创新精神和实践能力的意识 2. 能够激发学生的问题意识，鼓励学生因疑生趣，使其产生创新动机，激活创新行为 3. 能够参与到学生活动中去，捕捉和灵活处理不断生成的新问题，使整个活动不断创新
教学测量评价能力	教学测量与评价能力	1. 掌握教学评价的知识与“档案袋评定”“协商研讨式评定”等多种评价方法，具有正确的评价观 2. 具备对活动效果进行测评的能力。能够通过观察、记录和描述学生在活动过程中的参与程度和活动表现，进行及时测评和综合评价 3. 具备选择测评手段、设计测评指标，有效运用测评结果的技能

续表

维度	领域	基本要求
教学测量评价能力	自我反思能力	1. 掌握教学反思的基本方法和策略，具有对教案和教学过程及效果进行自我评价和分析，并进行科学调节和改进的能力 2. 具备针对教育教学工作中出现的现实需要与问题，进行探索和研究的能力

注：此内容刊登在河南省教育厅网站，《河南省小学教育专业全科教师培养方案（试行）》和《河南省小学教育专业全科教师教育教学能力培养指导标准（试行）》通知。

上述成果曾在第五届教育博览会、第六届教育博览会、全国特色学校研讨会、全国创新博览会等平台上进行交流；成果被《中国教师报》、河南电视台等多家媒体报道；国内外教育人士前来观摩。李源田曾用“五个难得”评价成果，张华教授对成果予以充分肯定并提出持续发展的建议。

第二，学校树立课程品牌。各个学校在贯彻金水区红头文件、落实区域课程框架管理、协作教研共生及结合自身实施经验，基于SWOT分析，各校制定可行性《综合实践活动课程规划》；组建教研团队；常态实施，形成丰富的经验，实现了“一个活动主题即一张学校名片”的课程成果品牌效应。

其中，文化路第一小学的“走进博物院”、文化路第三小学的“综合实践活动常态化实施有效策略”、郑州市第76中的“校园拍客”等获得国家级综合实践活动课程成果一等奖；艺术小学的“从商我们是认真的”、丰产路小学的“设计毕业文化衫”等实施五年以上；纬三路小学、纬五路第二小学等学校曾在省级及全国会议上进行经验交流和推广。

第三，教师专业快速成长。教师能够设计与制订活动主题的实施方案、撰写指导性课程纲要、探究课程流程、分享主题研究成果、提炼活动主题课程图谱、有效进行质量分析等，课程开发与实施能力得到提高。通过抽样调查，

93.99% 的学生喜欢教师指导发现问题、研究问题、调查解决问题的活动方式。据不完全统计，评上综合实践活动课程副高职称 10 余人，国家级奖 40 余项，省级奖 200 余项；发表文章 20 余篇；毕瑞霞、张丽红等获国家级优质课奖项；张力伟、李毓、崔超、杨丽君、曹丽萍、马艳枝等走上领导岗位。

第四，学生发展多元有个性。学生在小学阶段至少要经历 16 个活动主题的探究，一次五天的封闭式社会实践活动，“实践经验”不断得到提高；每年金水区学生的研究成果获奖数居郑州市首位，并多次在郑州市校本教研推进会上展示；张馨月等同学研究的“限行对空气质量的影响”在全国第五届教博会上展示；学生活动被河南电视台、中华网、今日头条等报道。通过抽样调查，85.85% 的学生认为这门课程有趣，88.29% 的学生认为对其他学科也有帮助，认为收集资料、独立思考和探究能力、合作交流能力得到提高各占 70% 以上，93.81% 的家长认为课程让孩子受益。

第五，家长协同共发展。课程设置丰富，家长看到学生在活动中“学习与成长　实践与创新 ”，认识到课程带给学生的历练和成长，假期家长积极参与到学生的调查活动中，利用自身资源为学生提供探究平台，进一步提高了学生活动的质量。纬三路小学的家长积极参与学校“研究性学习”培训，与学生一起研究实践；优胜路小学、农科路小学等家长指导学生参加各级的成果展示；文化路第一小学的家长自费出版学生成果《垃圾分类游戏手册》。通过抽样调查，94.05% 的家长非常关注课程，97.95% 的家长在活动中能够给予学生帮助，100% 的家长表示愿意无偿担任课程志愿者，并愿意发挥自己的才干和职业优势提高服务。

（五）课程影响力

郑州市金水区作为国家课程改革实验区之一，20 年来一直践行课程改革的理念，从迷茫到清晰，从摸索到有思路，从经验总结到成果推广，积淀了教育智慧，推广了课程成果，在省、市乃至全国形成了一定的影响力。

第一，教育层面。在金水区“3+X”经验互生的教育理念和“金字塔课程”模式的实施与带领下，二七区教研室的综合实践活动课程规划在实施内容上得到丰富；哈密第13师的红星小学和中学在金水区教研员的培训和指导下，学校课程规划得到建构，教师业务能力得到发展；在金水区教研员的指导下，深圳市华龙区第二实验小学的课程实施方式得以多元化，评价体系也得以建立；此成果在全国第五届教育博览会、中国创新年会上进行分享。2019年在河南省教育厅组织的“美国校长访华之旅”活动中，18位校长来到艺术小学观摩、体验了学校的特色课程与小项目式学习；金水区首届创客嘉年华活动在公园进行开放式展示；2016年11月在全国综合实践活动第十一届会议上进行成果展示，都得到参会人员的认可和称赞。西南大学宋乃庆教授给出了这样的评价与建议，他说：金水区以综合实践活动课程为支点，进一步改变了教师的“教”与学生“学”的方式，实施近二十年，并取得有效的成果，在省内外有一定的影响力。同时建议，根据国家基础教育成果奖的评审要求，将此项工作进一步完善、提炼、培育打造、推广应用，引领课程改革方向，培养德智体美劳全面发展的社会主义接班人和建设者。

第二，社会层面。2018年7月中旬，金水区人大代表近20人对我区综合实践活动课程的实施情况进行了视察，并进行了充分肯定与赞许。区域改革取得一定的成果与创新，实现了教学相长，落实了学生核心素养的发展，培养了一批批“健康、自信、阳光”的金水少年，吸纳了不少社会人士的加入，提升了区域文化品质；吸引了大批的外来务工者，创造了经济效应；引来了品牌项目，在金水区建造了“科技产业园”“黄河流域生态保护和高质量发展示范区”等，提升了区域文化内涵；新建学校一个个拔地而起，让更多的学生享受到优质的教育。目前，利用自媒体（抖音、视频号等）发布学生探究活动近 50 项，后期将持续扩大社会影响力，以提高课程的地位和实施力度。

第三，学生层面。2007 年学生在河南博物院自主研究，偶遇教育部副部长陈小娅，学生的研究态度和研究成果得到她当场称赞；据不完全统计，学生开展学科研究性学习成果共 2600 余项，“改革开放 40 年”“垃圾分类在行动”等在河南电视台播出；2017 年秋，金水区举办了“2017 年秋国际会议”，文化绿城小学、优胜路小学、纬五路第一小学等学校的研究性学习成果得以出色地展示。课程的独特价值，进一步树立了金水区“阳光、健康、智慧”的少年形象。

金水区综合实践活动课程行走在脚踏实地、不断创新与改革的路上，践行“3+X”课程模式，择高而立、向宽而行，进一步变革课程育人方式、学习方式、教学方式、评价方式，打造区域课程育人文化，实现综合实践活动课程的独特育人价值，为培养有理想、有成就、有担当的新时代社会主义建设者和接班人打下扎实的基石。

二、课程模型

综合实践活动课程本身就是一门实践性课程、跨学科课程，蕴含研究性学习、项目式学习、学科整合学习、大单元学习等特征。《义务教育课程方案和课程标准（2022 年版）》中提出：“综合实践活动课程、劳动教育、小团队活动、地方课程、校本课程等统筹使用，也可单独开发。”可见课程的融合性实践是最佳的方式。由此，构建课程融合开发与实施的模型具有重要的指导意义。金水区从 2020 年开始开展“课程品质”建设工作，以实验校逐步推进课程的进一步深度改革。在杨四耕教授的指导下，20所学校结合开展多年的综合实践课程经验，构建了跨学科的创意设计和课程实施模型，指导课程的具体落实与发展，有效地提升了课程品质。举例如下。

SMILE课程：以情境为基础的深度学习

郑州市第七十六中学是金水区规模最大的初中义务教育公办学校，学校秉承“灵智教育”理念，围绕“灵于心，智于行”的育人目标，构建“智立方”课程体系，彰显“融通生活养灵性，纵情学海增智慧”的课程理念。学校联系学生的生活实际，充分利用各种资源，研发深受学生喜爱的综合实践活动课程，促进深度学习，提升核心素养。学校先后荣获河南省综合实践活动样本校先进单位、郑州市研究性学习先进单位、郑州市创客教育示范校等荣誉称号。

为充分发挥综合实践活动在立德树人中的重要作用，依据学生发展状况、学校特色、可利用的资源等对综合实践活动课程进行统筹考虑，学校进行了综合实践活动课程的架构。

1. SMILE课程的缘由与原型

教育部2017年发布的《中小学综合实践活动课程指导纲要》对综合实践活动课程的开展提供了新的指导思想。自2012年起，郑州市第七十六中学开始实施综合实践活动课程，通过多年的课程开发和实施，我们发现在师生中影响较大的“校园拍客”“无土栽培装置的设计与制作”“汉字英雄”“淘宝市场”“我为学校写校志”“建设班级环境文化”“小零食大学问”等综合实践活动课程，均有基于情境、学科融合、启迪智慧、融通生活、亲身实践的深度学习特点。

2. SMILE 课程的命名与要素

SMILE 的含义为“微笑”，SMILE 课程倡导学生好学、乐学，这与学校“乐学善思”的学风相契合。SMILE 课程是指学生在一定的情境中，综合运用各学科知识通过科学探究和实践，进行深度学习，激发灵感，启迪智慧，融通生活，丰富经历，从而有效促进学生的能力生根，提升学生的核心素养。

S（situation）情境：教师有目的地引入或创设生动具体的生活场景，以激发学生的情感和兴趣。

M（mix）融合：融合各学科知识、课程资源与学习方式，提升学生综合应用各类知识观察、分析、思考、解决问题的能力。

I（inspiration）灵感：学生在探究、体验、制作的实践过程中，激发灵感，启迪智慧。这也体现了学校“灵智教育”的教育理念。

L（life）生活：生活即教育。以学生的生活经验、背景、感受为中心，融通生活，引领学生回归真实的“生活世界”，让学生从生活中来，到生活中去，解决生活中的实际问题，真正做到学以致用。

E（experience）经历：课程设计以学生已有经验为基础，课程实施强调学生的亲身经历，通过实践活动促进学生新经验的获得与形成。

SMILE 课程是以情境为基础的深度学习，图 3-11 是 SMILE 课程的模型结构图。

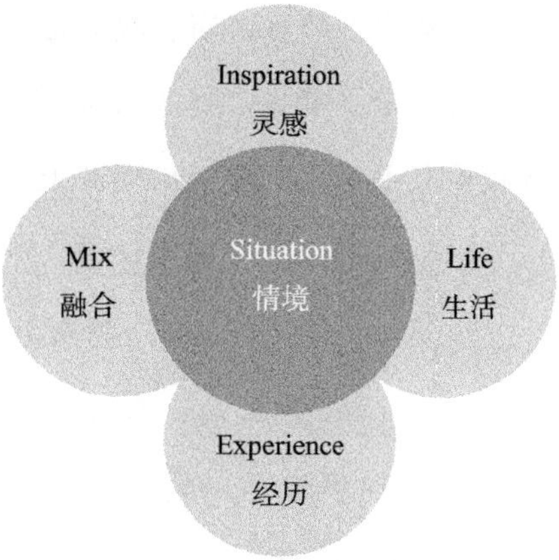

图 3-11　SMILE 课程模型结构图

3. SMILE课程的组织与实施

“乐学善思”是郑州市第七十六中学学生一贯的学风，在综合实践活动中学生如何进行SMILE学习呢？生动形象的情境是开启激发学生学习兴趣的钥匙，各种资源的融合为学生深度学习提供可能，实践探究是学生自主深度学习的过程，分享成果为学生生活提供服务。根据SMILE课程五大构成要素和课程理念进行以下课程组织与实施。

（1）创设情境，激发兴趣。

SMILE课程需要结合学生的生活经历，创设生动形象的情境，以激发学生的学习兴趣。在此基础上，确定活动主题。如“制作喷泉”课程，教师创设这样的情境：学校需要设计喷泉，作为学校的一分子，让我们运用已学的知识，帮助学校设计一个喷泉吧！基于这样的情境，学生结合已有经验，迸发灵感，融合各种资源，亲历探究过程。

（2）资源融合，设计活动。

融合各学科知识，综合利用各种校内、外资源，设计活动方案，确定活动方式、实施步骤、组员分工等，做好活动准备工作。如在“我为学校写校志”课程中，师生共商，确定活动流程。学生编写校志需要用到语文、历史、道德与法治、美术、信息技术等各学科知识，还需要到校史馆查阅资料，采访相关人士等，为活动的实施做好充分准备。

（3）实践探究，深度学习。

通过参加实践活动，在新知识的建构和应用中，培养学生精益求精、锲而不舍、实事求是、勇于创新的科学精神。实践探究更加关注学科本质，深入知识内核，引导学生理解和把握知识背后的深层结构和深层意义，从而经历一个深度学习的过程。如“玩转科学”课程是一门易学可操作的科学实验课程。课程精心设计了194个简单、可操作的科学实验，在探究的过程中有所发现，有所发明，有所创造，在动手“玩”中成为小小科学家。

（4）成果分享，融通生活。

注重活动成果的分享，并促进成果的推广应用，为学生的生活提供服务。成果分享的形式不拘一格，有书面式、产品式，通过班内展示、校内展示，促进成果的推广应用。如“小零食大学问”课程，学生的研究成果在班内、校内进行了展示，学生的研究报告推荐参加市、省研究性学习评比，荣获河南省研究性学习成果一等奖。通过成果分享，不仅对亲身参与研究的学生，还对其他观看成果的同学产生了积极的影响，学生能正确认识零食、合理选择零食，提高关注生活、关注健康的意识。

这四个步骤是SMILE课程的核心，也是实施过程，对学校综合实践活动的开展起到了引领和指导的作用。

4. SMILE课程案例与分析

“校园拍客”是学校基于信息技术的综合实践活动课程，是SMILE课程的典型代表。下面以“校园拍客”为例，介绍SMILE课程的具体实施方法。

（1）创设情境，确定主题。

课程以参加“七十六中校园奥斯卡拍客大赛”为情境，结合学生在学校、家庭、社会生活的经历，引导学生关注身边点滴，指导学生选择微视频如校园纪录片、校园视频新闻、校园歌曲MV、校园微电影，并确定学生真正感兴趣且有价值的拍摄主题。

（2）资源融合，制订方案。

学生综合运用信息技术、摄影、美术、语文、道德与法治、生物、物理等学科知识，以小组为单位制订活动方案。明确制作目的、拍摄内容、制作步骤、制作周期，确定人员分工，确定作品类别。

（3）亲身实践，进行拍摄。

在这个阶段，以学生亲身参与准备工作为主线，将整个课程内容串联起来。学生需要亲身体验编写剧本、拍照片、录制视频和音频等素材，以及后期视频剪辑的过程。在这个创意制作、深度学习的过程中，发挥了学生的想象力和创新能力，提升了影视创作能力。

（4）交流分享，作品颁奖。

学生将制作的视频作品在班级内部、社交网站展示，以促进作品的改进。在各种社交网站、学校微信公众号等平台推广优秀作品，举行“校园奥斯卡拍客大赛颁奖典礼”，促进成果的推广应用。并推荐获奖作品参加市、省等部门组织的相关比赛。一方面，对于分享者而言，成果分享丰富了人生经历；另一方面，对于被分享者而言，观看者也受到教育，吸引更多的人参与到活动中来，发挥了影视作品的德育教育作用。

“校园拍客”“无土栽培装置的设计与制作”“制作喷泉”“小零食大学问”“制作叶脉书签”等综合实践活动课程，充分体现了 SMILE 课程的理念，同时也说明 SMILE 课程理念能够引领学校的综合实践活动课程的开展。

5. SMILE 课程的点拨与提示

SMILE 课程实施中的注意事项：

（1）注重资源融合。

充分利用学生资源、家长资源、教师资源，形成丰富的综合实践活动课程资源。

（2）注重合力实施与多元评价。

SMILE 课程实施以某个学科为主导，多个学科教师共同参与，做好课程设计。注重活动过程中的反馈性评价和成果交流中的展示性评价。

（3）活动方式多样。

SMILE 课程鼓励采用丰富多样的活动方式，如实验探究、实地考察、设计制作、研究性学习等，从而吸引学生深度参与，促进学生深度学习。

SMILE 课程以情境为基础进行深度学习，能聚焦学生的核心素养，是国家课程理念的校本化实施，也是学校开设综合实践活动课程多年来的经验总结，对形成学校特色、创建课程品牌具有很好的推动作用。

（郑州市第七十六中学 刘 忠 田 燕）

三、学校经验

金水区目前共有 89.9% 的学校设有专职教师，其他学校整合项目学习、劳动教育、学科研究性学习、少先队团队活动等方式以兼职教师进行实践与管理，并建构 11 个项目教研联盟校，持续推进课程深入有效开展，培养了一批批优秀的教师，为学校积淀了丰富的实践经验，形成了多样的特色课程品牌，金水区及学校多次在全国会议上进行成果交流。其中，金水区文化路第一小学从 2002 年开始实施综合实践活动课程，2007 年设置全省第一个专职教师，促进学校统筹规划各个年级的实施内容及目标，并探索课程的课型模式、学生活动评价等。目前学校有三个校区共有专兼职教师 10 人，形成了学校内部有效的教研团队，促进了课程的高质量发展，螺旋提升了课程内涵，打造了课程品质。实践经验如下：

有效规划　多维发展

课程改革以来，综合实践活动学科作为以校为本开发实施的国家课程，给了学校课程建设充足的发展空间，也提出了更高的要求。郑州市金水区文化路第一小学在新课程推进过程中，秉承“让生命幸福成长”的办学理念，把综合实践活动课程建设作为重要突破口，通过几年的探索和研究，坚持以学校文化为引领完成整体规划，以多项举措为支撑进行规范实施，以能力生根为目标实现学生、教师、学校的多维发展。

1. 以学校文化为引领完成整体规划

（1）“文化”——引领课程高度。

学校管理的最高境界是文化的管理。面对当前教育更加关注“学校内涵”的发展态势和对“构建高品质学校文化”期许的大环境，文化路第一小学抓住这一有利的发展契机，在保持原有文化核心价值的基础上对现有文化体系进行提升——使学校文化更具时代感和统整性。在经历了学校内部的自我思辨和外请专家的系统论证后，构建了以“乐享教育”为核心价值观的完整的学校文化体系。在学校文化引领下，规划了学校的综合实践活动课程内容和实施方案。规范原来比较随意的活动内容，形成比较理性的且较为系统完整的开发框架。以“走进博物院”主题系列活动为例，学校依托省博物院活动基地，梯度规划了3~6年级“走进博物院”系列活动内容：三年级围绕“走进博物院”进行参观学习，学会根据简单的路线图有序参观；四年级围绕“探秘博物院”以小组活动的形式进行研究性学习，多途径收集整理资料的方法，学会写出简单的调查报告，在活动中学会独立思考，合作探究；五年级围绕“导游博物院”主题，通过形式多样的小主题活动进行角色体验，学会利用书籍、网络等资源，独立撰写讲解稿，尝试根据文物选择合适的方式进行讲解；六年级围绕“建言博物院”进行小课题研究，为博物院建设提出合理化建议，以此发展批判性思维，培养责任感。相对固定各个年级的活动内容，以保证课程的连贯性、系统性、稳定性，力求真正实现综合实践活动课程的常态实施。

（2）“问道”——确定课程的追求。

学校针对综合实践活动课程的开发与实施先后进行了教师、学生及家长系列问卷调查，名为“问道”。通过问道，了解学生兴趣与爱好；学校针对全体家长和学生发放了《综合实践活动调查问卷》。问卷内容涵盖活动主题的选择、对现有课程活动的兴趣、可以提供的辅导支持等诸多方面。经过对回收的三千多份问卷数据的科学考量，客观地了解到教师、学生、家长的需求和学生在综合实践课程学习中的真实感受。在“问道”的基础上，经过不断的思考和讨论，确定了学校的综合实践活动课程的价值取向——乐享。

（3）制度——常态推进的保障。

制度的制定与实施是综合实践活动课程走向“规范化”“常态化”的根本，也是必备条件。为了使综合实践活动课程像数学、语文等课程一样成为常态，学校建立了相应的管理制度和激励机制。包括课程的开发实施、教研制度、评价制度、师资的配备与工作量、课时的节数与保障、课堂教学的交流与评价、课程实效的评价与激励、教师的培训与研讨、课程资源的整合提炼与分享等，用有效的制度推进课程常态实施。

2. 以多项举措为支撑进行规范实施

科学的规划只有用规范的实施作为支撑，才能达到预期的课程目标。为此，学校采取了多项举措：

（1）专职引领。

综合实践活动作为一门独立的国家课程，要求拥有综合能力强的专职教师。学校采取“先培训后上岗”“边实践边培训”等方式，选派多名学科骨干教师，先后到华东师范大学、北京师范大学参加专项培训，也利用教育部、河南省和郑州市、区各级学科培训机会使更多的学科教师接受专业的课程指导。通过培训，一批学科骨干教师脱颖而出，他们在工作中充分发挥课程的引领、设计、指导、研究作用，引领综合实践活动课程规范实施。

（2）全员实施。

随着课程改革的持续推进，学校越来越认识到，课程的综合化已经成为今后课程改革的重要发展方向。由此引发学校对综合实践活动课程发展前景的新思考——在更高层面整合课程。也就是说，综合实践活动作为以培养学生综合能力为主要目标的课程，从现阶段到未来，只是一个渡船。把综合实践活动课程的理念落实在各学科教学中，以全员的力量来推动课程发展应该成为今后的方向。于是学校确定了以专职教师探路，全员参与的综合实践活动课程的校本化实施之路。

（3）课题推动。

通过课题研究来规范课程实施是学校不断提升课程质量的有效举措。学校引领教师关注日常教学中的问题，透析现象背后的实质，将问题上升为课题进行跟踪研究，做到“研在课前，探在课上，思在课后”。以合作能力培养为例，学校申报的“培养合作能力，促进能力生根”课题，经过课例求证，确定了3~6年级学生“合作能力”发展的梯级目标：三年级初步了解合作的重要性，能根据活动内容，在教师指导下简单分工；四年级明确成立活动小组的条件，在组长带领下根据活动内容、特长简单分工；五年级会根据研究任务和条件，进行合理分工，在活动过程中，体验合作的快乐；六年级能根据活动需要自主成立小组，会根据组内成员的不同特质，进行合理分工合作，共同完成任务。

（4）资源挖掘。

综合实践活动课程的实施需要大量的课程资源，而学校现有的场所和空间远不能满足学生的需要。为此，学校充分挖掘周边的自然资源和人文资源，形成了学校综合实践活动课程“资源库”。课程资源包括网络资源和地方资源，地方资源又包括物质、文化、人力、机构等方面。由学校的专职教师等对课程资源进行收集、论证、甄选和利用。这些资源包括：

①活动基地资源。参观型基地（省博物院、武警训练基地等）；实践型基地（学校花坛、近郊教师家的菜地、茶城、儿童福利院等）；设计型基地（DIY 蛋糕房、花卉市场等）；体验型基地（省中医院、文博社区、交通银行、教工幼儿园等）。

②辅导教师资源。学校邀请高校教授、军人、警察、银行职员、医生、民间艺人和全职妈妈等参与课程活动的指导，担任兼职教师，辅导学生活动。

③学科课程资源。学校关注综合实践活动实施过程中资料的收集与整理，并逐步建立教师的教案库、学生的学案库及课程资源库，不断组织教师依据学校的课程规划对已有资料进行充实、修订，在反复完善中形成学校的课程资源。

3. 以能力生根为目标实现多维发展

综合实践活动课程的核心目标是促进学生“能力生根”。围绕这一核心目标，学校提出通过综合实践活动课程的开展，实现学校、教师、学生三个维度都得到发展的目标思路。

（1）课程规划丰满了学校的课程体系 。

综合实践活动课程基于学校历史、文化、生源及周边社区环境，它的开发与实施体现了一所学校的办学理念。课程的资源开发具有浓郁的学校特色，不仅为学校的课程建设提供了大量的鲜活生动的课程资源，也在更大程度上折射出学校的课程文化，使学校的课程体系更加丰满。

目前，综合实践活动已经融入学校“乐享课程体系”，在进行课程设计和实施的过程中，提高了学校对课程的管理能力，也使课程体系得到发展，不断实现了学校课程体系的丰富、多元和富有活力。

（2）课程实施助推了教师的专业发展。

高品质的课程实施依赖高素质的教师队伍。综合实践活动课的实施采取的是一种立体的、开放的、非固定性的教学方式，对教师的专业化水平和综合素质提出了更高的要求，一系列有效而富有针对性的研训活动，有效地促进了教师的专业发展。教师的专业反思能力、学科整合能力、跨学科的教学合作等多元能力明显提升。通过几年的探索与实践，教师的专业素养在综合实践活动中得以挖掘、发展。教师职业的创造性和幸福感在富于挑战性的工作中被唤醒。

（3）课程展示促进了学生的“能力生根”。

中小学综合实践活动课程是学生能力生根的过程。文化路第一小学的综合实践活动以“关注个性，提供机会，人人参与，发展能力”为出发点，有力地促进了学生的能力生根。在每年的“体验快乐　幸福共享”主题活动展示周上，学生成了主角：设计制作类的活动“指尖上的艺术”“针针绣坊”，学生现场制作发卡、十字绣，一针一线彰显出心灵手巧；“舌尖上的魅力”“烘焙学堂”，学生更是给大家带来了各色美食。在经贸区，学生自己制作商品广告，自己设计促销海报，热闹的叫卖，巧妙的沟通，热情的推销，校园变成学生张扬个性、发展兴趣、绽放精彩的舞台，每一个生命个体都能在此尽情“撒欢”。综合实践活动课程为每一个孩子创造了展示自我、体验快乐、分享成功的机会。

学校有怎样的课程，就会有怎样的师生生活；有怎样的师生生活，就会有怎样的生命成长方式。郑州市金水区文化路第一小学所经历的“整体规划、规范实施、多维发展”的综合实践活动课程探索之路，也正是遵循“让精彩成为自信理由，让共享成为互动方式，让快乐成为学习动力”的乐享教育理念，从学生本真需求出发，成就生命幸福，帮助每个孩子成为精彩的自己！

（郑州市金水区文化路第一小学　侯清珺　冯淑英）

后　记

关注综合实践活动教师的专业发展

综合实践活动课程是撬动学习方式、学习内容、学习评价等育人方式深度变革最有效的支点，体现着跨学科的综合育人方式，具有重要的实践意义和其他学科无法替代的价值。同时也对综合实践活动教师提出了特殊的要求，这些特殊的要求直接决定着课程实施质量和内涵发展。

一、综合实践活动教师专业发展具有特殊性

综合实践活动课程是撬动学习方式、学习内容、学习评价等育人方式深度变革最有效的支点，体现了跨学科的综合育人方式，融合学科实践，凸显实践型、创新型人才的培养，具有重要的实践意义和其他学科无以替代的价值。

国家明确综合实践活动课程是必须课程，由地方统筹管理和指导，进行校本化实施，属于三级管理，给予了学校很大的开发与实施空间。课程的有效落地与高质量发展，在于教师的教育教学水平。由于综合实践活动课程的性质、基本理念、课程目标、课程内容、活动方式、活动评价等独有的特征，对综合实践活动教师的专业化有着特殊的要求，对综合实践活动教师专业发展来讲，是挑战，也是机遇。

二、综合实践活动教师的状况分析

郑州市金水区作为国家课程改革实验区之一，从2001年开始实施综合实践活动课程，在2007年进一步规范课程开展，逐渐设置与发展专职教师队伍，至今已有二十年的历程。笔者以金水区公办小学为对象，开展有关综合实践活动课程教师的调查、汇总与分析。金水区共有57个校区，其中49个校区常态开展综合实践活动课程，占85.9%，并有专门的中层领导负责。49个校区共配置专兼职教师134人，其中专职教师91人，占67.9%；兼职38人，占28.4%；40岁以下的教师，占71.7%。他们的专业都不是综合实践活动，而是来自语文、数学、美术等学科。其中，正式教师98人，占73.1%；局聘教师36人，占26.9%；在本学科具有三年以上经验的教师有24人，占总人数的17.9%，其中局聘教师14人，占58.3%，超过一半，比例较大。

从以上数据分析，金水区的小学非常重视综合实践活动课程的规范、常态开展，将课程纳入课表，区域普及率比较高，近达85.9%；在配备教师方面，以专职教师为主，并且大多是在编教师，既保障了课程的稳步发展，又促进了教师专业发展；局聘教师人数约占三分之一，足以证实一部分学校在师资匮乏的情况下，依然开设这门课程；从教师经验看，近五分之一的教师业务能力需要极大提升，尤其是局聘教师。可见，综合实践活动课程常态化实施在金水区的小学普及率高，积淀了一定的经验，师资队伍比较稳定，区域足够重视，推进过程有力度。同时也存在亟待解决的教师业务能力提高发展的问题，如教师的综合实践活动课程能力并非专业；业务能力参差不齐；局聘师资队伍不稳定；中青年教师是主力军，正处于个体业务发展的上升阶段。

通过对专兼职教师在课程开发与实施方面存在的困惑及问题的调查和汇

总，归纳出以下共性问题：教师认为综合实践活动课程的课程理念和特点不好理解；对学生的活动不好把控与指导；面对活动中的生成性问题不能及时调控；六年级的学生家长大多不支持学生参加调查活动等。同时提出希望上级部门多开展培训活动，开阔教师思路；多组织课堂教学观摩活动，帮助教师厘清与开拓综合实践活动课程的课堂文化特性；社会力量能够为学生提供安全广阔的研究平台等。

面对师资队伍的能力不均衡、学校发展的需求、教师业务的需求，必须亟待解决这些问题，帮助教师提升课程品质。

三、推动与建设综合实践活动教师队伍的策略

教师的业务水准直接决定着课程的实施质量和学生的发展。通过多种策略全方位推进与建设综合实践活动教师队伍，是整体提升师资水平，提高课程育人质量的重要举措。

1. 国家政策需要加强一体化管理与培训

从国家到地方行政部门、学校要建立和加强“从上到下”一体化的课程管理与保障，关注教师业务发展，确保课程普及有效开设。如省、市教育行政部门颁布综合实践活动课程实施方案，将课程实施情况纳入学校评优、教师评职称重要依据；通过调研，了解综合实践活动指导教师专业发展的需求，搭建“请进来”“走出去”、区域经验交流、跨区观摩活动等多样化交流平台，整体推动教师的持续发展；检查与督导区域教师培训制度、学校课程落实情况、校本教研质量、课程实施效果等，提升课程品质。探索与建立课程优质资源，打造省、市、县、校多级联动的共享平台，为教师课程常态化实施提

供高质量的课程资源。地方行政部门要确保综合实践活动课程经费，支持实践基地建设，开展学生实践活动，培养实践活动指导教师。从国家到区域应加强骨干教师、名师的评选及培训，遴选一批优秀教研员，为一直坚守在探索综合实践活动课程实施的教师提供“福利”，激发更多的教师投身到综合实践活动课程的实践中来。

2. 教育行政部门要健全教师考核与激励机制

地方教育行政部门承担着教师发展的责任与义务，要健全和明确综合实践活动教师的考核要求和办法，激励广大中小学教师和专职研究人员持续地从事综合实践活动课程研究和实践探索。如健全评定职称系列，为专兼职教师打通可以申报综合实践活动课程的职称类别，满足教师专业发展，壮大师资队伍；将指导学生的综合实践活动成果、教师参加的课堂教学展评成绩，纳入评定职称的重要依据，激发教师工作的热情和信心；依托专业组织、教育学会等，积极开展中小学综合实践活动课程展示交流活动，激发广大中小学实践创新的潜能和动力，对优秀成果进行表彰，发挥优秀成果的示范引领作用；开展送课下乡、经验交流等活动，为教师专业发展提供更为广阔的交流平台；建立关于中小学综合实践活动课程的反馈改进机制，将综合实践活动课程开展及实施效果，纳入三年规划、督导、视导、下校调研，监测课程实施的质量，提升课程品质等，进一步增强教师的责任感与成就感。

3. 高校需要设置与培养专职的教师专业

目前，大多数院校没有设置综合实践活动课程的专业，导致担任综合实践活动课程的教师是“零基础”。由于综合实践活动课程和其他学科不一样，既没有教材，又没有太多可以借鉴的资料，需要教师根据学生的兴趣爱好自主开发课程，教师或无从下手或走弯路，直接影响课程实施质量和学生的发展。可见，高校设置综合实践活动课程专业，研发应具备的综合实践活动课程能力标准和测评方案，开设理论课、实践课，与中小学建立实践基地，开展实习活动、拜师活动等，是培养综合实践活动教师专业化最有效的方案，从而避免任职教师“无理论”“无实践”的状况，以更高的起点和业务水平直接投入到课程的开发与实施中，让学生享受到由于教师的专业带给他们的成长与变化。

4. 教师要践行“干一行爱一行”

习近平总书记指出：“教师是人类灵魂的工程师，是人类文明的传承者，承载着传播知识、传播思想、传播真理，塑造灵魂、塑造生命、塑造新人的时代重任。” 可见，作为一名人民教师身上肩负着培养时代新人的担子和重任。“心心在一艺，其艺必工；心心在一职，其职必举。”综合实践活动教师在职一天，就要践行“干一行、爱一行、钻一行”，精益求精、追求卓越。通过阅览专业的书籍、向老教师多请教、参加课程培训、刻苦钻研、及时总结与反思，组建发展共同体团队；与学生一起亲历实践，根据学生爱好丰富自己的学识与视野等方式，提升自身实践与指导能力，满足学生成长需求；遵循教育规律，落实与发展学生核心素养，争做“四有好老师”，当好“四个引路人”，更好地适应事业发展需要。

5. 教研部门搭建多元平台进行专业引领

教研部门承担着整个区域的教研、培训工作，是整体推进课程改革、提升区域教育教学质量、提高教师专业发展的重要部门。设置专职的综合实践活动教研员，潜心完善与规划区域的课程实施、评价与管理，颁布相关指导意见，总结经验，引领课程规范有效实施。同时，通过建构培训制度，设计培训目标和有效的系统的培训内容，提升课程领导力；开展专题教研、区域教研、网络教研等多种培训方式；组建跨界教研、协同创新、校际联动、区域推进等校本教研团队；根据教师年龄与经验构建一支“老带新”及骨干教师梯队发展的队伍等；帮助教师解决实践中的问题，“努力提升教师的跨学科知识整合能力，观察、研究学生的能力，指导学生规划、设计、实施活动的能力，课程资源的开发与利用能力等”，提高课程实施的有效性和教师的整体实施水平。为打造一支师德高尚、业务精湛、结构合理、充满活力、具有创新性的教师队伍，做好“教研训”一体化保障。

6. 充分利用教育资源助力课程实施成效

综合实践活动课程的性质、理念及活动方式决定了课程的实施需要整合校内外教育资源，统筹协调校内外相关部门的关系，联合家长等各方面的社会力量，才能拓宽学生的活动空间与学习场域，全面深化课程实施成效。可以通过与博物院、科技馆、美术馆等建立合作关系，为学生的研究提供专业的场馆式、沉浸式学习；协同校外基地、大中专院校、企事业单位等，利用其专业场所和人员对学生活动进行深度指导；借力中小学家长资源，邀请各行各业、有特长的家长作为校外指导教师，建立家校共育一体化；邀请各学科教师成为指导教师，发挥专业优势，为学生做好活动指导与帮助等。以上多方位的校外资源开发与利用，给予学生更为广阔的探究平台和多方力量，协同指导，实现共育课程的效应。

郑州市金水区教育发展研究中心　观　澜